大正大学名誉教授
藤井正雄◎監修

日本人として心が豊かになる

お墓のしきたり

青志社

はじめに

お墓の心配ごとをなくし、いまを充実して生きる

「自分や配偶者が亡くなったとき、どこのお墓に入るのか」

「うちのお墓を誰が継いでいってくれるのか」

「故郷のお墓を移転させたいが、どうすればよいのか」

「自分の遺骨はお墓に埋葬せず、散骨で自然に還《かえ》してほしい」

このように、多くの方がお墓のことで何らかの心配ごとをかかえています。


現代の日本におけるお墓事情は、少子高齢社会と切り離せない深い関係があります。

総人口は二〇〇五年の一億二七七七万人をピークに減少し、二〇五〇年には一億人を割り込むのではないかといわれています。半面、六五歳以上の人口は増えて、二〇〇五年には二割だった総人口に占める割合が二〇五〇年には四割近くになると予測されています。

出生率は二〇〇三年以降一・三%を割り込み、少子高齢社会を裏付けるかたちになっていま

す。これに対し、一九二五〜四〇年の出生率は四%台と高く、高齢者世代は兄弟姉妹が多いのが特徴です。つまり、お墓を新たに取得しなければならない「非長男家族」が確実に存在する人口構成であるということです。

また、現代は人口移動社会ともいわれ、都市への人口集中によって過密と過疎が社会問題化しています。そのため都市部では深刻な墓地不足が起こり、地方では墓地の承継者不足に拍車をかけています。

これは、お墓のある地域に子孫が将来にわたって住みつづけるという保証がなくなり、無縁墓の危惧《きぐ》や、転居地への改葬などの経済的負担が発生することを意味しています。

冒頭のように、多くの方がお墓のことで悩んでいるのもうなずけます。

本書では、お墓に関するさまざまな疑問や悩みを解消すべく、お墓を「建てる」「継ぐ」「改葬する」、そして「散骨」などの新しい葬法・埋葬に関して簡潔にまとめています。

お墓について考えることは、自分の後半生を考える絶好の機会でもあります。そして、お墓の心配ごとがなくなれば、いまをもっと充実して生きられるのではないでしょうか。

目次

――日本人として心が豊かになる　お墓のしきたり

第4章 お墓を改装・分骨する

第5章

納骨とお墓の供養

第6章

お墓の新しいかたちを考える　117

序章

お墓の不安をチェックする

❶お墓を建てることに関すること
❷お墓を継ぐことに関すること
❸お墓の改葬・分骨に関すること
❹納骨・供養に関すること
❺新しいお墓に関すること

お墓のことを漠然とは考えているものの、具体的なことは皆目見当がつかないというのが現実ではないでしょうか。

たとえば、墓地販売の折り込みチラシを見ても「永代使用」「宗派自由」「夫婦墓」等々、不明な言葉も多く、墓地の見学に行っても何を聞けばいいものやら見当もつきません。

ここでは、お墓に関するさまざまな悩みや心配ごとを列挙しました。

実際に目を通していただくと、ご自身の悩みがいくつか浮かび上がってくるはずです。まずは該当する頁からお読みください。そのあとで全体を通してお読みいただければ、お墓の常識としきたりが手にとるようにわかるでしょう。

❶ お墓を建てることに関すること

Q 自宅の庭にお墓を建てられる？
A P28 法律で禁じられている

Q いつお墓を建てればいいの？
A P36 あわてずに、じっくりと

Q 自分が生きているうちにお墓を建てたい
A P37 寿陵（生前墓）を建てる

Q 自分の死後に遺産でお墓を建てたい
A P41 相続税のことも考えて

Q 一人っ子同士の結婚、お墓はどうしよう?
A P64 両家墓を建てる方法も

Q お墓を建てる手順がわからない
A P51 まずは情報集めから

Q お墓を建てるのにかかる費用は?
A P52 永代使用料＋墓石工事費＋管理料

Q お墓に木や花を植えてもいい?
A P63 墓地の使用規則による

Q きょうだいで建てたお墓の名義は?
A P78 建立者名は連名にしない

Q 墓相が悪いといわれたが
A P79 気にする必要なし

Q 墓地を買ったがすぐにお墓を建てられない
A P70 段階的にお墓を建てる

Q 手ごろな価格でお墓を建てるには?
A P124 納骨堂などという選択肢も

❷ お墓を継ぐことに関すること

Q お墓の承継者にといわれたが
A P39 祭祀財産を受け継ぐということ

Q 結婚して姓が変わっても承継者になれる?
A P39 承継者には誰でもなれる

Q 友人のお墓を他人の私が承継できる?
A P39 寺院墓地では血縁者に規定している場合もある

Q お墓を承継すると相続分を減らされるの?
A P41 お墓は相続財産ではない

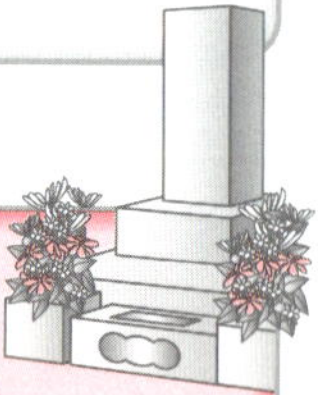

ケーススタディ
Case study

こんな私はお墓に入れる? → A P44 〜 A P46

- 次男、三男で未婚。実家のお墓に入れてもらえるか
- 結婚して分家となったが、本家の墓に入れるか
- 離婚後、旧姓にもどらないと実家のお墓に入れない?
- 夫の家のお墓には入りたくない
- 夫婦で宗教がちがうが一緒のお墓に入りたい
- 離婚した両親の遺骨を一緒のお墓に入れたい
- 妻のいる男性と暮らしているが、同じお墓に入れる?
- 愛するペットも家のお墓に入れてあげたい

Q 生涯独身の場合、私の死後、お墓は誰が継ぐの？
A P46 永代供養契約もある

Q 郷里の両親のお墓を無縁墓にしたくない
A P47 永代供養墓に合祀する方法も

Q 親子で宗教がちがうとき、承継をスムーズにするコツは？
A P48 自分の信仰とお墓の祭祀は別という考え方も

Q 父が急逝、誰がお墓を継ぐか聞いていない
A P40 話し合いで決める

Q 開眼法要には親戚も招いたほうがいい？
A P110 納骨や法事と併せて行なう場合は招待する

❸ お墓の改葬・分骨に関すること

Q 改葬の手続きを知りたい
A P90 これまでの墓地と改葬先の自治体に申請が必要

Q 改葬するときの菩提寺とのつきあい方は？
A P85 改葬先を決める前に事情を説明する

Q 古いお墓を整理したい
A P84 合祀墓を建てるなどの方法がある

Q 改葬にかかる費用を知りたい

A P84 法要や古い墓地の整理等の費用が必要

Q 親の遺骨をきょうだいで分けたい

A P35 分骨は火葬時に行なう

Q すでに埋葬されている遺骨を分骨したい

A P99 「分骨証明書」を発行してもらう

❹ 納骨・供養に関すること

Q 納骨はいつ行なえばよいのか

A P112 とくに決まりはない

Q 納骨の手順がわからない

A P112 まず、菩提寺に連絡する

Q 納骨するまで遺骨を預けたい

A P36 菩提寺または、一時預かりを行なっている納骨堂に預ける

Q 菩提寺を探したい

A P103 お寺の行事などに参加して慎重に決める

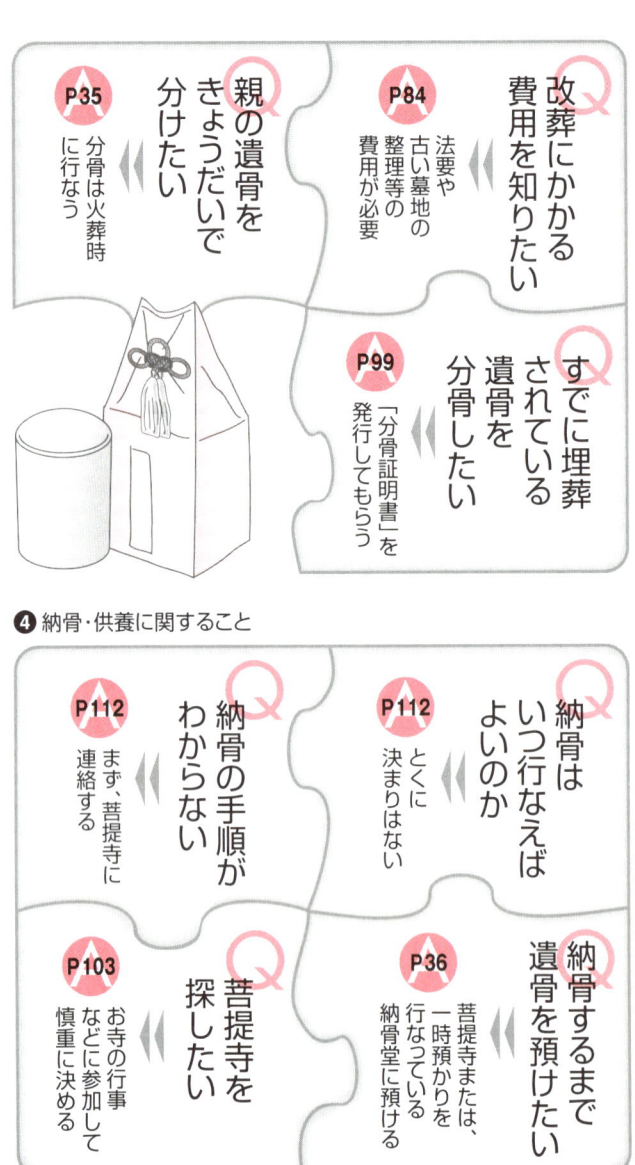

Q 親が払っていたお寺へのお布施の額を下げたいが
A P102 自分ができる範囲でよい

Q お墓参りの作法を知りたい
A P116 持参するものを忘れずに

Q 法事の準備のしかたがわからない
A P109 まず、菩提寺に連絡を

Q 塔婆供養とは何？
A P114 故人の冥福を祈る追善供養

❺ 新しいお墓に関すること

Q 納骨堂は家族墓になるの？
A P121 遺骨を複数収蔵できるタイプもある

Q 納骨堂を契約するときの注意点は
A P122 建物の老朽化など管理体制をチェックする

Q 永代供養墓と一般のお墓はどう違うの？
A P125 永代供養墓は承継を前提としない

❺ 新しいお墓に関すること

Q 会員制の永代供養墓とは?

A P129 会員同士が生前に交流をはかる

Q 自宅の庭に散骨してもいい?

A P132 近隣住民の感情を考えればNO

Q 故人の遺言は散骨だが、家族としてはお墓がほしい

A P134 遺骨の一部を散骨する方法も

Q 私は樹木葬にしてほしい

A P135 樹木葬墓地は全国に増えつつある

Q 「ネット納骨堂」ってどんなもの?

A P121 家にいながらお墓参り

Q 納骨をせず、遺骨をずっと手元に置いておきたい

A P138 手元供養で故人をしのぶ

Q ペットもお墓に埋葬したい

A P142 ペット専用墓地がある

第1章

10分でわかる日本のお墓事情

❶日本のお墓の歴史
❷現代のお墓事情

死者を身近に感じていた古代の人々

お墓には人間の宗教観や死生観が反映されています。死生観とは、「人間は死んだらどうなるか?」という考えです。

そこで、日本人の宗教観や死生観はどのように形成され変化してきたのかを探るため、日本のお墓の歴史を簡単にふりかえってみましょう。

縄文時代の集落遺跡を発掘すると、集落（村）の入り口付近に埋葬跡（お墓）が見られるそうです。

死を「けがれ」と考える思想が大陸から入ってくる以前の日本人は、死者をずっと身近に考えていたことがうかがえます。死者を「自分たちとともに生きるもの」、あるいは「神様になって自分たちを守ってくれるもの」と考えていたのかもしれません。

しかし、縄文時代には、遺体を埋葬した場所に特別な盛り土をしたり、目じるしをつけるようなことはありませんでした。つまり、個人崇拝は行なわれていなかったようです。

弥生時代になると、身分の高い人を簡単な甕棺《かめかん》・木棺《もっかん》・石棺《せきかん》などに納めて盛り土をした墳墓《ふんぼ》に埋葬するようになります。

当時は、遺体をそのまままっすぐな姿勢で

葬った「伸展葬《しんてんそう》」のほかに、膝《ひざ》を曲げた状態で葬られている「屈葬《くっそう》」が見られます。屈葬や甕棺墓などには、死者の魂を封じ込める意味が込められていると考えられています。

しかし、弥生時代のお墓も相変わらず集落の入り口にありました。集落への出入りのたびに、お墓に向かい合い、礼拝《らいはい》しながら日々暮らしたのではないかと思われます。

古墳時代、お墓は権威の象徴

その後、権力者（大王）はこぞって郊外に巨大な墳墓を建て、埴輪《はにわ》など多くの副葬品とともに葬られました。

この時代になると、お墓が「権威の象徴」という意味を持つようになります。自分の権力を知らしめるものとして墳墓がつくられたのです。ここでいう墳墓とは、土を高く盛り上げてつくったお墓のことです。

仁徳陵古墳（前方後円墳）

古墳からは、装飾品や武具、日用品などの副葬品が多く発見されています。このことから、「来世」（死後の世界）という概念が生まれ、信仰されていたことがうかがえます。

　この時代、仏教の普及にともない、火葬が行なわれるようになります。天智《てんち》天皇の皇女で天武《てんむ》天皇の皇后であった持統《じとう》天皇が天皇として初めて火葬されました。これにより石棺墓などは姿を消し、骨壷《こつつぼ》などに火葬骨を納める形態に変わっていきます。火葬は、土葬に比べて埋葬スペースも小さく済むため、国土の狭い日本にマッチして急速に普及していきました。

　しかし、一般の人は海や山へ葬られ、江戸時代に入るまで石碑もありませんでした。

お墓のはじまりは宝篋印塔

　墓碑塔としてもっとも古いのは、平安時代の貴族がお墓とした宝篋印塔《ほうきょういんとう》です。宝篋印塔は仏舎利《ぶっしゃり》（お釈迦さまの遺骨）を納めた仏塔にはじまり、『宝篋印陀羅尼《ほうきょういんだらに》』というお経を

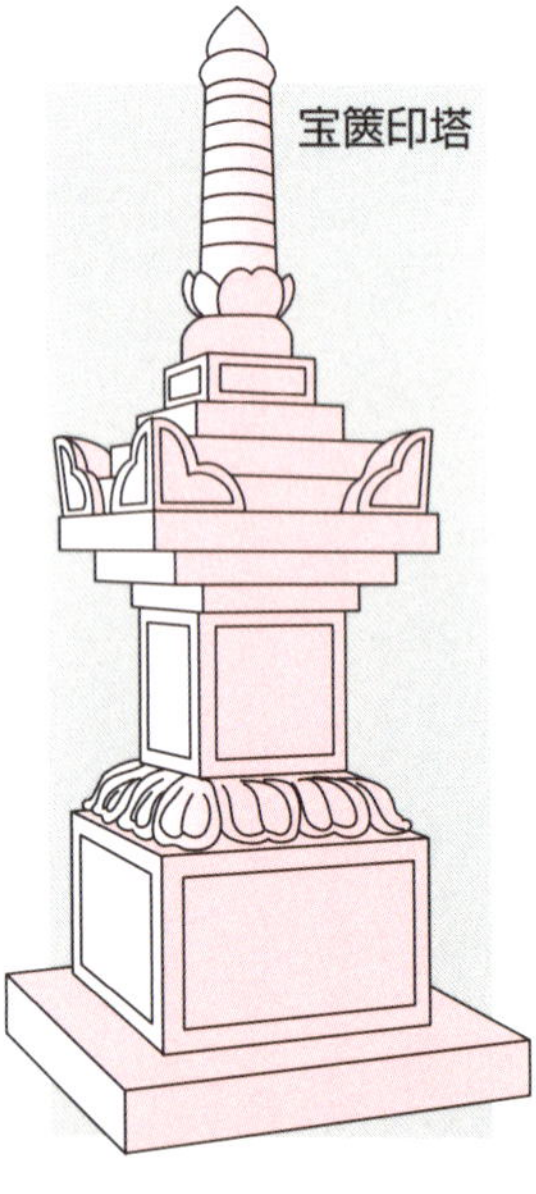

納めたことからその名称がつけられました。

現在、お墓でよく見られる五輪塔《ごりんとう》も仏舎利塔を簡略化したもので宝篋印塔とともに鎌倉時代以降多く造立され、今日に至っています。

その後、室町時代にかけて、中国から位牌《いはい》と戒名《かいみょう》の習慣が伝えられ、位牌型や今日の形に近い角石塔型の石碑が建てられるようになりました。

江戸時代の全住民がお寺にお墓を持つ

江戸時代初期、キリスト教を禁教とする幕府によって檀家《だんか》・寺請《てらうけ》制度が制定され、人々はいずれかのお寺の檀家として登録させられました。

当時は「神仏習合」といって、神道《しんとう》と仏教は一つでしたから、まさに全日本人がお寺に所属し、仏式のお墓を建てるようになったのです。

墓石に「○○家先祖代々之墓」と記され、「戒名、没年月日、享年《きょうねん》、俗名《ぞくみょう》」などが彫られ、現在のお墓の原型がつくられた時期といえます。

先祖に対する葬送儀礼や供養、お墓参りなどの仏事が生活のなかに定着し、庶民の仏教に対する信仰が確立したのは、この檀家・寺請制度に負うところが大きいのです。

宗旨不問の公営・民営墓地の登場

明治時代に入ると、神道は国家神道として再編され、仏教と神道が明確に区別されるようになりました。それにともなって神式のお墓やお墓参りの儀式などが改められました。また、キリスト教をはじめとする仏教以外の宗教が認められたのもこの時期で、キリスト教式のお墓もつくられるようになってきました。そこで、宗旨を問わない公営の墓地が設けられるようになりました。

一八七四（明治七）年には青山・谷中《やなか》・雑司ヶ谷《ぞうしがや》・染井《そめい》（いずれも東京都区内）に、一九二三（大正一二）年には多磨《たま》（東京都府中市）に大規模な墓地が整備されました。

多磨墓地は、日本古来の習俗を基本としながら、ドイツの森林墓地を参考にした日本初の公園墓地です。

つづいて一九三五（昭和一〇）年に八柱《やばしら》霊園（千葉県松戸市）が開設され、このとき、「霊園」という名称に統一されました。一九四八（昭和二三）年に小平霊園、一九七一（昭和四六）年に八王子霊園ができて、以上の八カ所が都立霊園として現在に至っています。

この背景には、都市部への人口の集中による土地不足もありました。しかし、墓地不足はいまだ解消されていません。

民間が運営する墓地が開設されたのは、一九五二（昭和二七）年です。その四年前に「墓地、埋葬等に関する法律」（28頁参照）が施行されたことが大きな後ろ楯となりました。

なお、檀家制度は明治時代に法律上消えましたが、民衆とお寺との結びつきはその後も強く残り、いまも寺院墓地に家のお墓を持つ人は少なくありません。

薄らいでいくお墓を持つ意味

江戸時代に、遺体や遺骨を埋葬した墳墓の上に墓碑を建てるとともに自宅に仏壇を置いて故人の位牌をまつるかたちができ、現在までつづいてきました。

そして、お墓が尊ばれたもうひとつの理由は、中国の風水思想からきています。墓石に「先祖代々之墓」とよく記されているように、風水ではお墓を立派にすれば家が繁栄するといわれています。

しかし現在は家の宗教を知らない人も多く、火葬した遺骨を散骨してしまえば、ますます、お墓は無意味なものに思えてくるでしょう。そもそも宗教とは死に対する恐怖や不安を癒して救済してくれるものでしたが、現代人にその意識があるかは疑問です。

いっぽう、日本人にとって〝自然に還《かえ》る〟という考え方はなじみやすく、散骨や樹木葬を望む声は確実に増えているようです。

家のお墓から個人のお墓へ

今日、人口の増加と都市圏への一極集中、核家族化などが墓地のニーズを大きく増やしています。首都圏ばかりでなく地方都市でも墓地不足が叫ばれるようになり、このような事態に対処すべく、屋内墓地や壁墓地、永代供養墓あるいは納骨堂といった新たなお墓の形態も見られるようになりました。

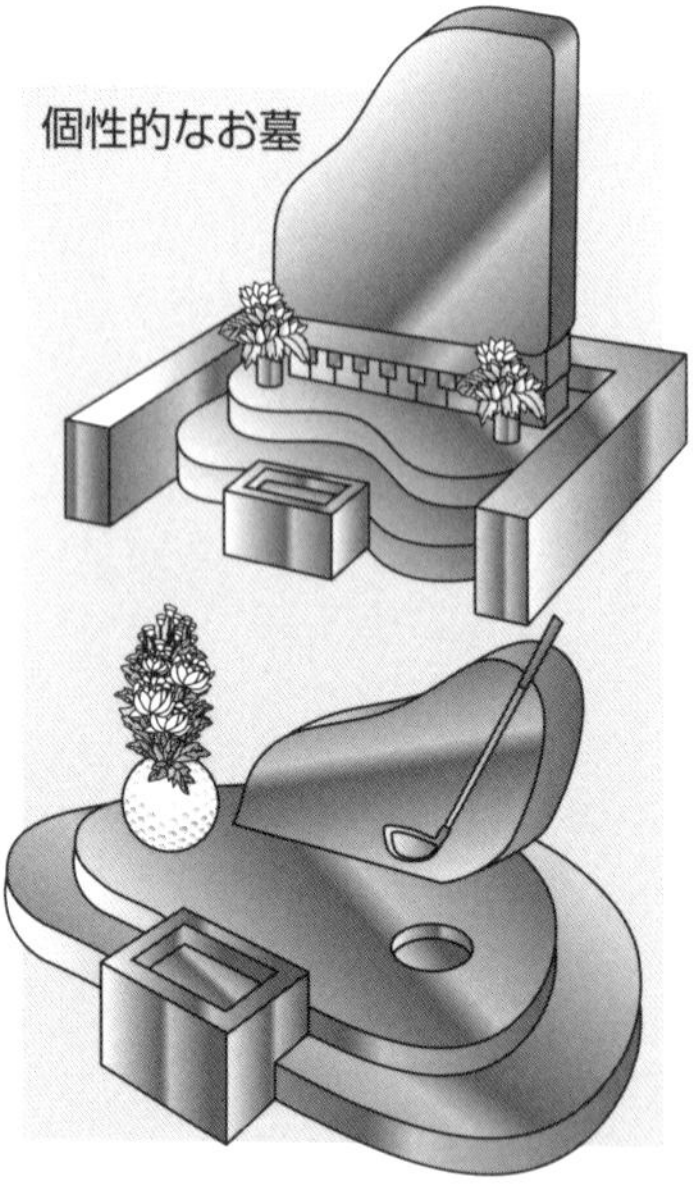

また、戦前のような家督制度がなくなったため、友人同士・兄弟姉妹同士など、以前では考えられなかった組み合わせでお墓を共有することも珍しくなくなってきています。

とくに近年の傾向として目立つのは、散骨の希望や、寿陵《じゅりょう》（37頁参照）といった自分らしいお墓を望む声です。

核家族化・個人化が進むと、先祖供養の意味が薄れ、お墓は自分の死後の住居という考え方に変化していきます。今後は、自分の意思と好みでお墓を建てる自由を獲得しつつある時代といえます。お墓のデザインなどもその人らしい個性的なものとなっていくことでしょう。

省スペース化と合葬墓化

都立霊園を例に見てみましょう。

都立霊園では、従来からの一般墓地（一般埋蔵施設）のほか新形態の墓地を開発してきました。一九七一年に建設された八王子霊園をすべて芝生墓地（芝生埋蔵施設）としたのをはじめ、一九九一年に壁墓地（壁型埋蔵施設）の供給を八柱霊園と小平霊園の二カ所で開始したところ、三〜四倍の応募があり即日完売したということです。

さらに都民の多様な墓地需要に対処するため、多磨霊園内に集約化・立体化された納骨堂として、みたま堂（長期収蔵施設）を設置し、一九九三年度より供給を開始しましたが、二〇〇七年度は六〜九倍の高倍率でした。

一九九七年には、一つのお墓に多くの遺骨を一緒に埋蔵する合葬《がっそう》式墓地（合葬埋蔵施設）

を小平霊園と多磨霊園に設置。いずれも現在は供給が終了していますが、小平霊園内に新規施設を建設中です。

樹木墓地

今後、都立霊園では、都民の墓地に対するニーズも踏まえ、既存霊園をさらに有効活用し、合葬式墓地を中心として夫婦以外の柔軟な募集を行なっていくといいます。

一般墓地に対する都民の根強い需要を考慮し、無縁墓所の整理を促進して返還墓地等空地を確保することで再貸付をはかるほか、土地を有効に活用する手立てとして景観を統一した小区画修景墓地の供給についても検討されています。

また、死後は自然に還ってやすらかに眠りたいという思いに応えられる新たな墓地として、樹林墓地や樹木墓地の供給が提案されています。

第2章

他人に聞けないお墓の基礎知識

❶お墓に関する法律
❷いつお墓を建てるか
❸お墓を継ぐということ

「墓埋法」で定める墓地や埋葬の決まり

墓地管理者やお寺と契約し、墓地にお墓を建てたとしても、勝手にそこに遺骨を埋葬することはできません。また、たとえ大切な家族の遺骨であっても、自宅の庭に埋めることはできません。

墓地をつくったり、そこにお墓を建てて埋葬する基本的なルールは、一九四八（昭和二三）年に制定された「墓地、埋葬等に関する法律」（通称＝墓埋法《ぼまいほう》）に定められており、それに従って行なわなければなりません。

「墓埋法」に定められた内容は、墓地を管理する側が把握しているので、たいていのことは教えてくれたり、行なってくれます。ただ、私たちも、民営墓地の経営は許可を受けた公益法人と宗教法人だけ、といった基本事項は知っておくべきでしょう。

お墓を建ててよい場所は決まっている

「墓埋法」によると、墓地とは「墳墓《ふんぼ》（お墓）を設けるために墓地として都道府県知事の許可を得た区域」をいいます。そして、「埋葬（土葬）又は焼骨の埋蔵（遺骨の埋葬）は、

●「墓埋法」による墓地、納骨堂、火葬場の規定（第二条）

❶ 「埋葬」とは、死体（妊娠四箇月以上の死胎を含む）を土中に葬ることをいう。

＊一般的には「土葬」といいます。現在の日本では、土葬はほとんどありません。

❷ 「火葬」とは、死体を葬るために、これを焼くことをいう。

❸ 「改葬」とは、埋葬した死体を他の墳墓に移し、又は埋蔵し、若しくは収蔵した焼骨を、他の墳墓又は納骨堂に移すことをいう。

❹ 「墳墓」とは、死体を埋葬し、又は焼骨を埋蔵する施設をいう。

＊一般的に「お墓」のことです。「焼骨を埋蔵」とは、一般的に「遺骨を埋葬（納骨）」です。

❺ 「墓地」とは、墳墓を設けるために、墓地として都道府県知事の許可を受けた区域をいう。

❻ 「納骨堂」とは、他人の委託をうけて焼骨を収蔵するために、納骨堂として都道府県知事の許可を受けた施設をいう。

＊「焼骨を収蔵」とは、一般的に「遺骨を納めること」です。

❼ 「火葬場」とは、火葬を行うために、火葬場として都道府県知事の許可を受けた施設をいう。

＊一般用語とのちがいを知りましょう

墓地以外の区域に、これを行ってはならない」としています。

したがって、広い土地があっても、許可なしにそこにお墓を建てて遺骨を納めることは法律で禁じられているわけです。

「墓埋法」制定以前は、代々つづく家や農家などでは自宅の庭先にお墓を建て、そこに遺骨を埋葬していましたが、いまは認められていません。

お墓を建てる目的とは

お墓は、遺骨を納めるところであり、代々の先祖をまつり、故人を供養する場所です。つまり、一家の心のよりどころです。それならお墓の場所は自宅の庭でもよさそうなものですが、前述のとおり、遺骨を埋蔵するなら墓地に埋めなければならないことが、法律で決まっているのです。

もしどうしても遺骨をお墓に埋葬したり納骨堂に納めたりしたくなければ、自宅に保管してもかまいません。この場合はいつまででも可能です。「手元供養」(138頁参照)という方法もあります。

また、近年は散骨(132頁参照)という方法を選ぶ方もいます。節度を守った散骨であれば違法ではありません。

お墓を「買う」とは永代使用権の取得

一般的に「お墓を買う」という表現をしますが、これは正確ではありません。お墓は、おおまかに「墓石＋土地」で構成されています。墓石はたしかに買いますが、土地は所有権ではなく使用権を取得するということになります。これが「永代使用権」です。規定の管理料を定期的に納めている限り、半永久的にお墓を使用できるということです。

そしてこの永代使用権は、基本的にはお墓の承継者以外には譲ることができません。

死亡から納骨までの必要書類

お墓や、永代使用できる納骨堂に遺骨を納めるまでは、死亡時からの法的な書類をリレーしていかなければなりません。お葬式のときは葬儀業者が代行してくれることが多いようですが、ひと通り覚えておきましょう。

現代は八割以上の人が病院で亡くなります。病気で入院していたり、事故などで病院に運ばれてから死亡した場合は、自然死として扱われます。この場合は、医師が「死亡診断書」を作成してくれます。

自宅で亡くなった場合、死亡していることが明らかでも医師による死亡確認が必要です。駆けつけた医師が検視して死因に異常がなければ、前述と同様に自然死として扱われます。もし、死因に不明な点があれば変死として扱われ、行政解剖が行なわれる場合もあります。変死の場合は、死亡診断書ではなく「死体検案書」を作成してもらいます。死体検案書は、死亡診断書の用紙を流用しているので、同じものと考えてかまいません。

死亡診断書は、A3サイズの用紙で、右半分が死亡診断書、左半分が死亡届です。これに必要事項を記入して、死亡日（あるいは死亡を知った日）から七日以内に役所に提出します。

死亡届を提出するときに、「死体火葬許可証交付申請書」を一緒に提出します。そうすれば、その場で火葬に必要な「死体火葬許可証」を発行してくれます。

死体火葬許可証は、火葬時に火葬場の受付に渡します。そして火葬が終わり、骨あげを済ませると、証印した死体火葬許可証を返してくれます。これがそのまま「埋葬許可証」になります。

お墓や納骨堂に納骨するときには、この埋葬許可証が必要になります。火葬から納骨まではしばらく日にちが空く場合が多いので、なくさないように注意しましょう。

●死亡から納骨までの法的な書類の流れ

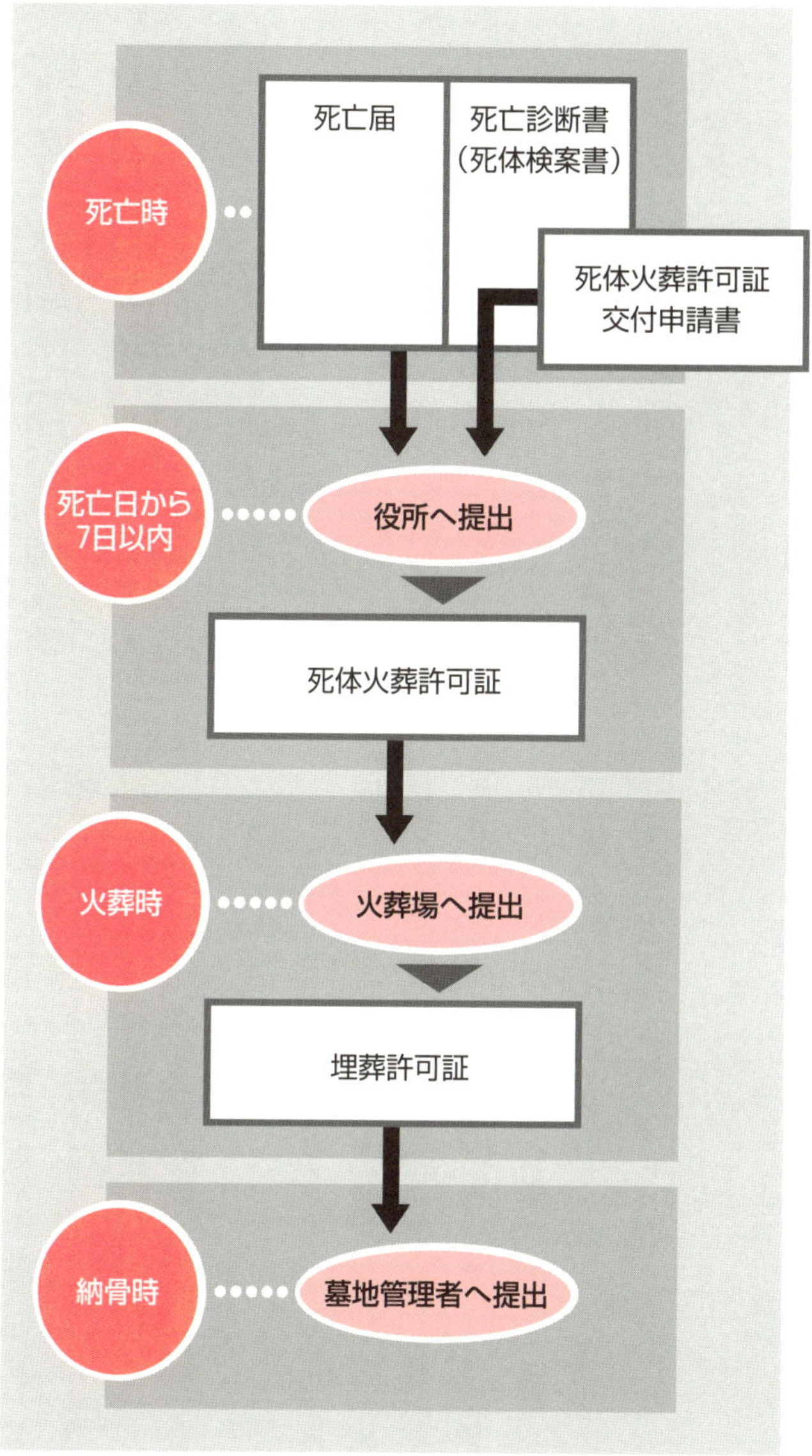

死後二四時間以内は火葬できない

死亡届の提出（死体火葬許可証を交付してもらう）は死亡日から七日以内ですが、葬儀・告別式のすぐあと（式の前に火葬する地域もある）に火葬するのが一般的なので、必然的に死亡当日、または翌日になるでしょう。

ただし、死体火葬許可証が交付されても死亡後二四時間以内は火葬することはできないと「墓埋法」に定められています。これは、医師の臨終確認後でも死者が蘇生することがあるかもしれないからです。

また、「火葬は火葬場以外の施設で行ってはならない」と、これも「墓埋法」に定められています。火葬場の定義（29頁参照）にもあるように、火葬場とは都道府県知事の許可を受けた施設です。

つまり、火葬は行政の許可を受け、行政の許可を受けた施設で行ないます。そして、火葬された遺骨は、行政の許可を受けた墓地管理者に埋葬許可証を提出し、埋葬されます。埋葬許可証は墓地管理者が保管する（最低五年間）ことになっています。また、火葬場管理者と墓地管理者は、火葬と埋葬の状況を毎月、市区町村に報告する義務があります。

こうすることで、遺骨の埋葬が墓地以外の

ところで行なわれていないか行政がチェックできるシステムになっています。

分骨は火葬時に行なう

分骨とは、遺骨を複数の場所に納骨するため分けることです。法律では分骨の数に制限はありません。分骨するおもな理由には、次のようなことが考えられます。

- 菩提寺の宗派の本山にも納骨する
- 親の遺骨を子供たちが分骨したい
- きょうだいの遺骨を分骨したい
- 遺骨の一部を散骨したい
- 遺骨の一部を加工して手元供養したい

いずれにしても、分骨は火葬時に行ないたいものです。すでにお墓に埋葬されている遺骨を分骨することも可能です（分骨の手順は98頁参照）。法律的にも墓地管理者は分骨の希望を断ることはできません。しかし、遺骨をわざわざ取り出して分けるのは手間がかかります。

分骨は、遺骨を離ればなれにするので縁起が悪いという言い伝えがあるようですが、仏教の教えではまったく問題ありません。現にお釈迦さまの遺骨は八カ所に分骨したとされています。それがさらに分骨され、仏舎利《ぶっしゃり》として各地で崇拝されています。

お墓を建てる時期を急ぎすぎない

お墓を建てて遺骨を埋葬する時期に法律的な決まりはありません。

お墓がある場合は、四十《しじゅう》九《く》日《にち》忌《き》の法要に合わせて納骨するのが一般的です。

これから新しいお墓を建てようとする場合は、一周忌とか三回忌（亡くなってから二年目）をめどとして、準備することが多いようです。しかし、近年のお墓事情では、すぐに希望条件に合ったお墓や納骨堂が見つかるとは限りません。

お墓は、一家の心のよりどころとなるものですし、なにより高額なものですから、あわてずにじっくりと探しましょう。

「早く納骨しなければ故人が成仏できない」などという方もいるようですが、〝自分で納得できる条件がそろったときがお墓を建てる時期〟というぐらいの気持ちでいればよいのではないでしょうか。

お墓を建てるまで遺骨を預けるとき

遺骨は、お墓を建てるまで家に安置しておいてもかまいませんが、四十九日を過ぎたら菩提寺《ぼだいじ》などに一時的に預かってもらうのが一般的です。

公営や民営の墓地にも一時預かりを行なっている納骨堂があります。その場合は料金規定が設けられていますが、お寺に預かってもらう場合はまちまちです。

ここでは、お墓を建てたり、永代使用できる納骨堂を見つけるまでの、あくまでも遺骨を一時的に預かっていただくことを前提としています。ですから、料金規定のないお寺では、お墓を建てて正式に納骨するときに、納骨法要のお布施とは別に、遺骨を預かっていただいたお礼の意味でお布施を渡せばよいでしょう。

生前にお墓を建てる「寿陵」とは

生前に建てるお墓のことを「寿陵《じゅりょう》」「生前墓」、あるいは「逆修墓《ぎゃくしゅぼ》」といいます。

寿陵の風習は中国から伝わったもので、起源は秦《しん》の始皇帝《しこうてい》が建てたことによるともいわれ、歴代の皇帝たちも寿陵を建ててきました。「寿」という字が入っているように、寿陵を建てることは縁起がよく、長生きできるともいわれます。ただし、天皇のお墓のことを陵《みささぎ》といいますのでこれを避ける人もいます。

寿陵では、墓石に刻んだ自分の名前は朱色

●寿陵（生前墓）

に塗っておき、亡くなったときに黒く塗り替えます。

近年は寿陵を建てる人が増えています。

その理由は、

●お墓のことで家族に迷惑をかけたくない

●自分の眠るお墓は自分の手で建てたい

●節税対策のために（42頁参照）

などがあげられます。

いずれにしても、死後の安住地を自分で決めておけるので、残りの人生を安心して過ごせることはたしかでしょう。

ただし、都市部の公営墓地を中心として、埋葬する遺骨がなければ申し込みできない墓地もあります。また、墓地の永代使用権だけを先に購入し、お墓を建てないでおくという方法もありますが、こちらも購入後一～二年のうちにお墓を建てることを義務づけている墓地もあります。寿陵を建てる場合は、あらかじめ調べておきましょう。

お墓を継ぐことを「承継」という

お墓や仏壇、仏具など先祖を供養するための財産を「祭祀財産《さいしざいさん》」といいます。祭祀財産を守っていた人（祭祀主宰者）が亡くなった場合は、それを誰かが受け継ぐことになります。この引き継ぎに関して民法では「祭祀供養物の承継《しょうけい》」として定めています。ちなみに「承継」とは、民法の言葉で「受け継ぐこと」を意味し、一般用語の「継承」と同じです。

祭祀財産を受け継ぎ、新たな祭祀主宰者となる人を「祭祀承継者《さいししょうけいしゃ》」といいます。基本的には、故人が指定した人が祭祀承継者となります。これは遺言書などの書面でなくても、口頭でかまいません。

祭祀承継者に指定される人は、配偶者や長男が一般的ですが、家族や親族以外を指定することもできます。ただし、寺院墓地などでは、承継者は血縁者でなければならない

●祭祀承継者が受け継ぐこと

- 墓地・仏壇などを使用する権利
- 墓地の管理・維持
- 仏壇の管理・維持
- 菩提寺の檀家としての義務
- 先祖の法要の施主となる

と規定している場合もあります。また、そのお寺の檀家としての義務も受け継がなければなりませんから、異なる宗派の人が承継することは難しいでしょう。もしそのような場合は、あらかじめ菩提寺と祭祀主宰者、そして承継者として指定される人が話し合っておいたほうがよいでしょう。

指定がない場合は話し合いで決める

祭祀主宰者が祭祀承継者を指定せずに亡くなった場合は、慣習に従って配偶者や長男が承継するのが一般的です。しかし、すでに次男や長女などが家を継ぐことが決まっている場合には、お墓も承継するものと考えてよいでしょう。

もしも、家族や親族で話し合いをしたにもかかわらず承継者が決まらない場合は、家庭裁判所で調停を行ないます。それでも話し合いがつかず不調に終わった場合は、審判へ移行することになります。

墓地管理者や菩提寺への届け出

祭祀財産を承継した祭祀主宰者は、役所への届け出は不要です。お墓をはじめとする祭祀財産は「相続財産」とは区別されており、承継しても相続税はかからないからです。

ただし、お墓の承継にともなう名義変更の手続きが必要です。

墓地管理者や菩提寺に永代使用権者変更の届け出を出します。

変更届けに際して、旧名義人（故人）と新名義人の戸籍謄本、新名義人の住民票・印鑑証明書、墓地の永代使用許可証、手数料、年間管理料（未払いの場合）などが必要になります。必要書類は墓地によってまちまちなので、事前に確認しましょう。

また、名義変更の届け出期限のある墓地があります。連絡をしないまま期限を過ぎると永代使用権を失効する場合があるので注意してください。

なお、菩提寺にも、墓地を使用していなくても檀家《だんか》としての義務がありますので、新たな祭祀主宰者ができるだけ早めにあいさつにおもむきます。

お墓の承継に相続税はかからない

前述のとおり、お墓をはじめとする祭祀財産の承継は「相続財産」ではないので相続税はかかりません。

また、新たにお墓を建てた場合にも、固定

資産税や不動産取得税はかかりません。このことから、生前墓である寿陵は、建てた本人にも、祭祀承継者にも税金はかかりません。ところが、たとえば亡くなった父親のために、祭祀承継者である子供が相続財産からお墓を購入した場合は、購入前の相続財産の全額に相続税がかかります。

つまり、父親が寿陵を建てて祭祀財産にしておけば節税になるというわけです。

お墓に入れる人に決まりはない

一つのお墓には永代使用権者の一族代々が入るというのが一般的です。そのため、独立して家族を持てば、新たにお墓を建てるのがふつうです。けれども「墓埋法」によると、「墓地、納骨堂又は火葬場の管理者は、埋葬、埋蔵、収蔵又は火葬の求めを受けたときは、正当の理由がなければこれを拒んではならない」とされています。

つまり、お墓の永代使用権者＝祭祀主宰者が認めれば、誰の遺骨を埋葬してもよいということです。

墓地管理者が埋葬を拒否する正当な理由として考えられるのは、「すでにカロート（納骨棺）がいっぱいで、新たに納骨するスペースがない」「墓地の管理規則に、納骨は永代

●親族の範囲

現行の民法では、親族の範囲を「六親等以内の血族」「配偶者」「三親等以内の姻族」と定めています。墓地の管理規則での親族の範囲はこれよりかなり狭くなっているのが一般的です。

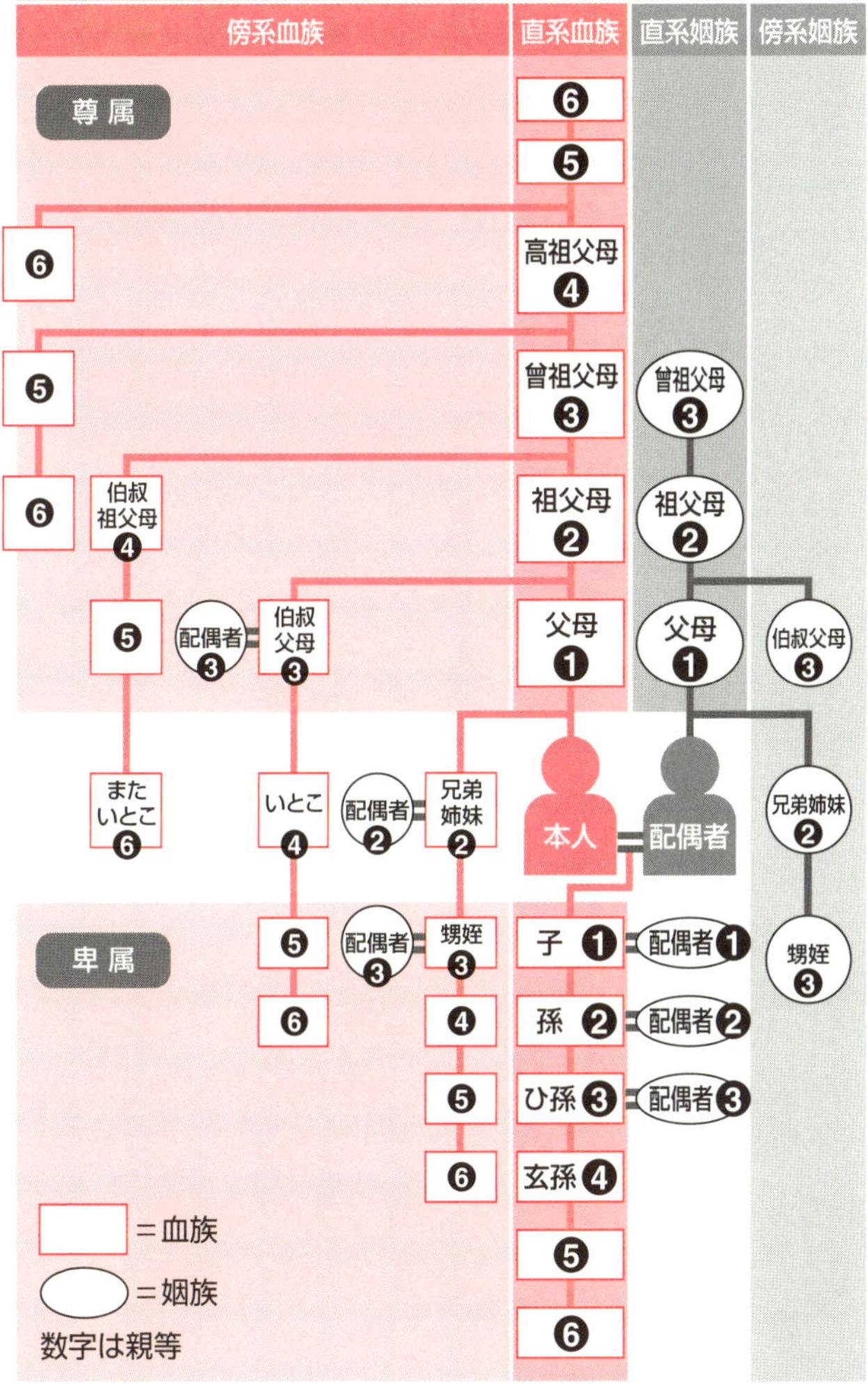

使用権者の親族に限る等の制限がある」などがあげられます。また、寺院墓地の場合は「檀信徒に限る」という規則を設けているお寺もあります。

こんな私はお墓に入れる？

前述のとおり、基本的にはお墓の永代使用権者が認めれば誰でもそのお墓に入ることはできます。そうはいっても、〝常識〟もありますので、ケーススタディを集めました。状況や人間関係は個人差があります。あくまでも参考までにご覧ください。

●次男で未婚。実家のお墓に入れてもらえるか

父母やきょうだいが永代使用権者の場合は、入れるのがふつうです。

●結婚して分家となったが、本家の墓に入れるか

永代使用権者のきょうだいや子供でも、独立して新たに家族を持った人であれば、自分で新しいお墓を建てるのが一般的です。そうでなければ、本家のお墓に分家の家族も代々入っていくことになり、早くカロートがいっぱいになってしまいます。

もしも、分家の夫妻に跡継ぎがいない場合は、永代使用権者の承諾を得られれば本家のお墓に入れるでしょう。

●離婚後、旧姓にもどらないと実家のお墓に入れない？

離婚後に夫の姓を名乗っていても、実家のお墓に入れます。ただし、墓碑銘を刻む際にどうするかといった問題はあります。

●夫の家のお墓には入りたくない

実家のお墓に入りたいということであれば、当然実家の永代使用権者の承諾が必要です。また、新たに個人や夫婦のお墓を建てるにしても、婚家とよく話し合い、承諾を得ておくことが大切です。

●夫婦で宗教がちがうが一緒のお墓に入りたい

宗教・宗派不問の公営や民営の墓地であれば一緒のお墓に入れますし、それぞれの宗旨の法要ができます。寺院墓地の場合は、そのお寺の宗派で法要を行なうことになります。生前に夫婦でよく話し合い、承継問題がなければ、宗教・宗派不問の墓地に夫婦墓を建てるのがよいでしょう。

●離婚した両親の遺骨を一緒のお墓に入れたい

たとえ、姓がちがっても、子供が永代使用権者であれば問題ありません。

●妻のいる男性と暮らしているが同じお墓に入れる？

男性自身が正妻と同じお墓に入ろうと考えているのであれば、そこに内縁の妻が一緒に入るというのは世間的な常識から外れているのではないでしょうか。男性と内縁の妻とのお墓を別に建て、正妻の承諾を得て男性の遺骨を分骨してもらうというのが、無難な方法といえます。

●愛犬の遺骨も家のお墓に入れてあげたい

ペットと一緒に埋葬することは、宗教的な感情からほとんどの墓地で拒否されるでしょう。墓地の神聖さをそこなうと考えるのが一般的だからです。ペット専用の墓地などで供養されてはいかがでしょうか。（142頁参照）

承継者がいないお墓を守るには

先祖代々のお墓があり、自分もそのお墓に入ることが決まっているが、その後のお墓を守る人がいないというケースは、少子社会のなかで増加していくことは確実です。

こうした、このままでは近い将来に承継者不在となる場合の対策を考えてみましょう。

お墓を守ることを前提に考えられるのは、基本的に承継者を見つけることです。前述のとおり、祭祀承継者は実子でなくても、誰でもなることができますから、きょうだいや甥、姪に頼むこともできます。

また、他家に嫁いだ娘でも承継者になることができます。この場合は、姓がちがったり、嫁ぎ先との宗派の違いなどがありますので、菩提寺や墓地管理者と相談しましょう。

いずれにしても、承継は金銭的にも精神的にも負担がかかることなので、関係者でよく話し合うことが大切です。

もうひとつ、お墓を守る方法として、永代供養契約があります。まとまった永代供養料を納め、一定期間お墓を管理してもらい、その後は永代供養墓に合祀《ごうし》してもらうという方法です。この方法は、墓地によって規定がかなり異なります。

家のお墓を無縁墓にしない方法

承継者のいないお墓は、永代供養契約をしない限り確実に無縁墓《むえんばか》になります。それを避けるためには、家のお墓を改葬して先祖代々の遺骨を永代供養墓に合祀することです。家のお墓はなくなりますが、最後の承継者が先祖を供養できる最善の方法です。

その場合、これまでのお墓は更地にもどして返還します。石材店に依頼して遺骨を取り出し、墓石を撤去してから更地にもどしますので、改葬料がかかるのがふつうです。

宗旨を変える場合のお墓の心得

日本人の九割以上が、自分の意思の有無にかかわらず仏式の葬儀を行ない、仏式のお墓に入り供養されます。これは江戸時代の檀家・寺請制度に負うところが大きいのは周知のとおりです。

明治時代以降、憲法では「信教の自由」が認められており、自分で自由に宗教を選ぶことができますが、お墓のことを考えるといろいろ面倒なこともあります。とくに寺院墓地に家のお墓がある場合は、菩提寺の理解を得て相応の手続きをしなければなりません。

菩提寺の檀家をやめるのは自由ですが、寺院墓地にあるお墓は改葬しなければなりませんし、今後の先祖供養をどうするかも決める必要があります。

また、お寺によっては離檀料を求められる場合もあります。長年お世話になった菩提寺には礼を尽くしたいものです。

ただ、個人の宗教・宗派を変えても、多くの方はわが家の宗教はそのままにして法要や供養も菩提寺に行なっていただき、これまでの菩提寺ともうまくつきあっているのが現実のようです。そして、死亡後は家のお墓に入るという方もいます。

第3章

新しくお墓を建てる

墓地選びは情報集めから

新聞や雑誌の掲載広告・折り込みチラシ、電車やバスの車内広告、居住地の自治体や葬儀・お墓関連の会社のホームページなどを利用して幅広い情報を集めましょう。

お盆やお彼岸の時期には、民営墓地や寺院墓地の広告が多くなります。なお、公営墓地は募集時期が限られていますので、各自治体の窓口や広報紙、ホームページで募集・抽選の有無をチェックするとよいでしょう。

それぞれ申し込みの資格や条件が異なっているので、よく調べることが大切です。また、墓地関連の費用の相場などもわかってきます。

現地に足を運び、イメージをまとめる

集めた情報から数カ所の墓地にしぼり、比較検討していきます。パンフレットだけではなく、実際に現地に足を運び、自分の目で確かめることが必要です。

そして、墓地全体の雰囲気や、そこに建っているお墓のタイプを見て、自分が建てたいお墓のイメージを描いてみます。

最近、親が亡くなり、ゆくゆくは自分や自

●お墓を建てる手順

① 情報を集める

- 広告やホームページなどから幅広く情報を集め、パンフレットを取り寄せて比較検討する

② どのようなお墓にするか

- お墓のタイプや区画の広さなどをイメージする

③ 予算を立てる

- お墓を建てるときの諸費用を正しく知っておく

④ 墓地・石材店を選ぶ

- 公営墓地・民営墓地・寺院墓地のどれにするか→57頁
- お墓のタイプはどうするか（一般墓地・壁墓地・芝生墓地など→60頁、納骨堂→120頁、永代供養墓→125頁）
- 墓石や付属品などをどうするか→65頁

⑤ 永代使用権と工事の契約・施工

- 区画の分譲・案内についても石材店が窓口になっていることが多い
- 契約前に使用規則をかならず確認する→63頁
- 墓地の経営主体と永代使用権の契約を結び、石材店に工事を依頼する
- お墓を一度に建てず、段階的につくっていく方法もある→70頁

⑥ 仕上がりの確認

- 不具合や、墓石の文字などにまちがいがないか確認する
- 開眼法要を行なう→110頁

分の子供が入るための家墓《いえばか》なのか、両親のみのお墓なのか、あるいは生前に自分や夫婦のお墓として建てたいのか、それによってもちがってきます。というのは、墓地には墓地管理者が定めた墓地使用規則（63頁参照）があり、すぐに埋葬する遺骨がない人や、承継者がいない人は買えない墓地もあるからです。

そのほか、墓石の大きさや建てる時期、宗教・宗派などについても規定があることが多いので、確かめておきましょう。

また、生前に自分のお墓を建てる場合には、自分だけで決めようとせずに、お墓参りをすることになる家族の意見もよく聞いて決めることが大切です。

予算の主体は永代使用料と墓石工事費

お墓の購入・維持にかかる諸費用をよく知って、予算を立てることが大切です。

まず、お墓の永代使用料があります。そして、もっとも金額が大きいのが墓石工事費です。これには、石材費と加工費、外柵《がいさく》や花立て、水鉢《みずばち》、香炉《こうろ》、墓誌《ぼし》、塔婆《とうば》立てなどの付属品代、施工一式の費用が含まれます。最近では、一区画の永代使用料と墓石工事費をすべて込みのセット料金にして販売しているところもたくさんありますが、現地に足を運び、内容をよく吟味することです。あとで気に入らないからといってお墓を買い直したくても、もどってこないお金ですから慎重にしたいものです。

また、開眼《かいげん》法要や納骨式（110〜112頁参照）の費用、今後払いつづける墓地管理料のことも考えておかなければなりません。

なお、ローンによる支払いができるという墓地もありますが、よく考える必要があります。第2章「他人に聞けないお墓の基礎知識」でふれたようにお墓は課税の対象になっていません（41頁参照）。どういうことかというと、お墓のローンを組んだ本人が亡くなってしまい、まだ支払いが残っている場合、墓地を引き継ぐ承継者が残金を支払うことになりますが、たとえ故人が遺産を残していたとしてもお墓のローンは一般の借金とは異なり、相続税の課税控除にはならないのです。お墓のローンを組む際には、契約者死亡の場合には支払い義務がなくなるといった保障付きのものを選ぶとよいでしょう。

●お墓の建立にかかる費用

墓地の永代使用料

＋

墓石工事費（石材費・石材加工費・付属品・施工一式の費用）

＋

墓地管理料（毎年支払うのが一般的）

墓地を決めるときは石材店がポイント

さて、墓地購入に際して、多くの方が誤解されていることがあります。それは石材店に対する位置づけです。多くの方は、墓地の経営主体（57頁参照）と区画の永代使用権の契約を結び、石材店に墓石工事を依頼すると考えていることと思います。ところが実態は、区画の分譲も石材店が窓口になっている場合が大半なのです。そのよい例として、墓地の広告やチラシを見ると、そのほとんどが石材店を連絡先として表示しています。

もちろん公営墓地では、区画の永代使用権の契約は各自治体の出先機関である管理事務所と直接結ぶことになります。その場合でも、石材店が案内や事務手続きの代行を行なっているのが一般的です。寺院墓地や民営墓地の経営主体は宗教法人や公益法人（財団法人と社団法人がある）ですが、大方は石材店が開発や経営に加わっていると考えてまちがいありません。

石材店が経営主体である墓地は、すべてをその石材店に依頼することになります。便利でよいのですが、区画の価格が手ごろなので墓石工事費を見積もったら、とんでもなく高かったということもあります。また、経営主体が石材店以外で、複数の石材店が指定されている場合でも、業者同士が協定しており、高い価格をいわれることがあります。

そこで、お墓を建てた知人に信頼できる石材店を聞いて、その石材店におすすめの墓地や区画、墓石の価格などについてアドバイスを受ける方法もあります。

用意されたバスやタクシーでの見学だけでなく、既存の交通機関を使って行ってみることも必要です。そして、いくつかの石材店に見積もりをとって比べてみることも大切です。見積もり段階で、納期やアフターサービス、途中チェックが可能か、工事後のクレームへの対応なども確かめておきましょう。

●石材店を選ぶときのチェックポイント

1 その土地で長く営業しているか

- 気候や地質に合った石選び、施工をしてもらえる
- お寺のお布施などについても相談できる

2 明細の入った見積書や保証書を発行してくれるか

- 実際の施工例を見て墓石を選び、見積もりをもらう
- 工事にとりかかる前にしっかりとした契約書を交わす
- 最低10年の保証書を発行してもらう

3 アフターケアがよいか

- お墓が建ったあとの対応が悪くなったりしないか評判を聞いてみる

「宗旨不問」には注意が必要

墓地の広告には「宗教不問」「宗派自由」「過去の宗旨（宗教・宗派）は問いません」などという文字が書かれています。これがどういう意味か、契約の前によく確かめておく必要があります。

公営や民営の墓地の場合、「宗教不問」「宗派自由」とあれば、一般的に「どんな宗教・宗派であってもかまわない」という意味です。したがって、仏教・神道《しんとう》はもちろん、キリスト教やイスラム教であってもかまわず、十字架などがついたお墓も建てられます。供養の儀式などの形式も自由です。ただし、同じ墓地内でも区画によって条件がちがうこともあるのでよく確かめることが大切です。

いっぽう、寺院墓地の場合には「宗旨不問」とあったとしても、墓地購入後はそのお寺の宗派の形式にすべて合わせることを意味しています。お墓のスタイルや法要の形式などは、仏教でも宗派によってちがいます。寺院墓地の購入は、ふつう、そのお寺の檀家《だんか》となることですから納得したうえで契約したいものです。宗派の異なる僧侶に法要をお願いすることもできませんし、多くの寺院墓地の場合、管理料とは別に入檀料がかかります。

墓地には三つのタイプがある

墓地は、経営主体によって、公営墓地・民営墓地・寺院墓地の三つに分かれます。経営主体とは、管理・運営しているところです。

●公営墓地

各都道府県や市町村などの自治体が管理・運営している墓地です。民営墓地や寺院墓地に比べると安いというメリットがありますが、それだけに希望者が多く、競争率が高いのが難点です。宗教的な制限はありませんが、申し込み資格として、遺骨があること、居住者

●墓地のタイプ別特徴

墓地のタイプ	特徴
公営墓地	●費用が安い ●都市部の供給量が少ない、新規開発は郊外 ●宗旨不問 ●石材店の指定がない ●募集時期や申し込み資格が限られている
民営墓地	●費用が高め ●郊外の大規模開発が主で供給量が多い ●宗旨不問が多い ●石材店指定が多い ●申し込みや使用の制限が少ない
寺院墓地	●有名寺院は費用が高め ●お寺に隣接、またはその近郊 ●檀家となることが条件 ●門前の石材店指定が多い ●法要などは宗派にのっとって行なわれる

に限るなど、さまざまな条件があります。

●**民営墓地**

公益法人や宗教法人が管理・運営するものですが、内実は石材店などの一般企業が開発・販売している場合がほとんどです。

郊外の丘陵地などに大規模な公園墓地をつくり、宗教や居住地などの制限も少なく、誰でも利用できることで人気があります。

●**寺院墓地**

お寺に隣接する墓地以外にも、最近は宗教法人化して近郊に大規模な墓地を造営するケースが増えています。そうした墓地は、分類上は民営墓地に等しく、「宗旨不問」としているところもあります。

しかし、お寺が管理・運営する寺院墓地は、檀家となる人しか申し込めないのが原則です。檀家となれば、法事などを行なう際のメリットもありますが、お寺を維持していく義務も発生します。できれば住職や檀家総代に会って、住職の人柄やお布施などについても確認してから購入すべきです。

立地環境と設備・管理面

さて、墓地を立地環境で見ると、「郊外型」と「都心型」に分かれます。

広い敷地と緑にあふれた自然環境が特徴の

郊外型墓地は、土地高騰がつづいた八〇年代に多くつくられました。現在は、芝生墓地や西洋庭園の要素を取り入れた明るいイメージのガーデニング墓地、バリアフリー設計や送迎バスの運行などの配慮もされています。

しかし、傾斜地は造成工事がしっかりしていないと大雨などで墓石が傾いたりしますので、入念に調べる必要があります。

九〇年代以降、住まいの近くにお墓を求める傾向が出てきたことにより、狭くても費用も手ごろな壁墓地や屋内墓地などの都心型墓地が人気を集めています。

設備・管理面では、駐車場や休憩室などがあるかどうかも調べておきましょう。法事などができる会館があると便利ですし、管理事務所に管理人が常駐し、定期的に清掃が行なわれているかなど管理状態は重要です。

●墓地を選ぶときのチェックポイント

- 交通の便はよいか
- 墓地の雰囲気はよいか
- 造成や周辺の環境はよいか
- 施設や設備は整っているか
- 料金は適切か
- 経営・管理はしっかりしているか
- 使用規則はどうなっているか（63頁参照）
- 石材店の指定があるか
- 宗派の指定や檀家となる条件などがあるか

墓地の区画を選ぶ

墓地のタイプがしぼれてきたら、次は墓地の区画を選びます。

区画のタイプは、一般墓地、芝生墓地、壁墓地、屋内墓地などがあります。そのほかに永代供養墓や納骨堂タイプもありますが、そちらは第6章で紹介します。

●一般墓地

規格によって区画割りされた土地を貸し付けるものです。区画の規格は、古くは「墓地坪」といって三尺×三尺（約〇・八三平方メートル）を「一聖地」「一霊地」と呼んでいましたが、最近は正確に平方メートルで示しているところがほとんどです（62頁参照）。

さらに、和型墓石区域と洋型墓石区域というように墓石の形式によって区画分けされているところもあります。

●芝生墓地

一面に芝生を敷きつめ、等間隔に区画割りしたものです。景観の統一をはかるため、墓石の形や大きさに制限が設けられています。

●壁墓地

小区画を有効利用するため、板状の墓石を連ねた墓地です。最近、都立青山霊園には立体式墓地（ロッカー式墓地）もできました。

外柵や塔婆立ての設置はできませんが、カロート（納骨棺）から墓石までそろっています。

●屋内墓地

ビル内に通常のお墓を建てるものです。自宅から近く、雨の日でも気軽にお参りに行ける全天候型墓地として人気が高まっています。しかし、ビルの寿命があるという短所も考えておかなければなりません。

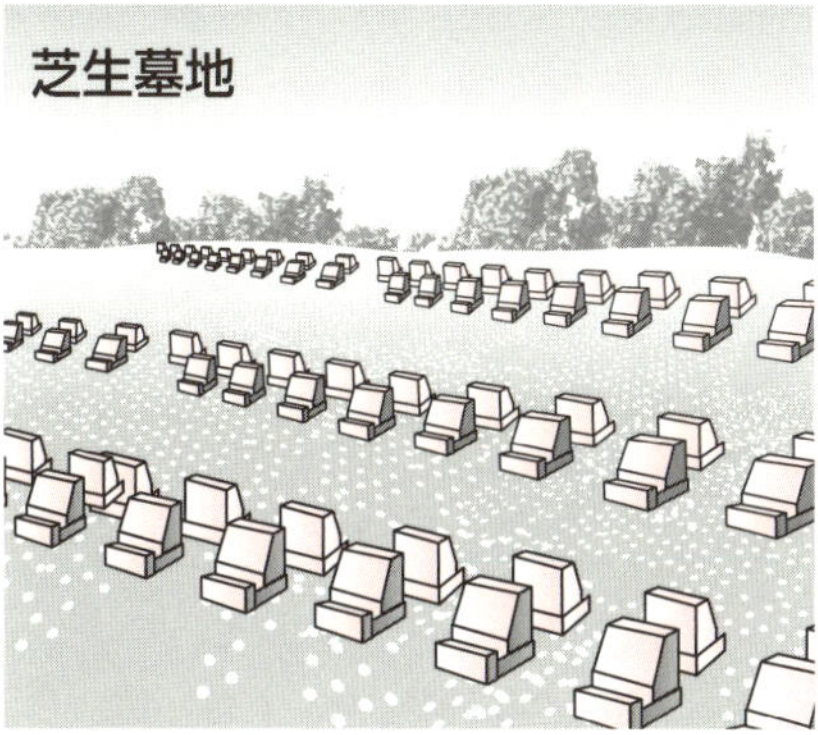

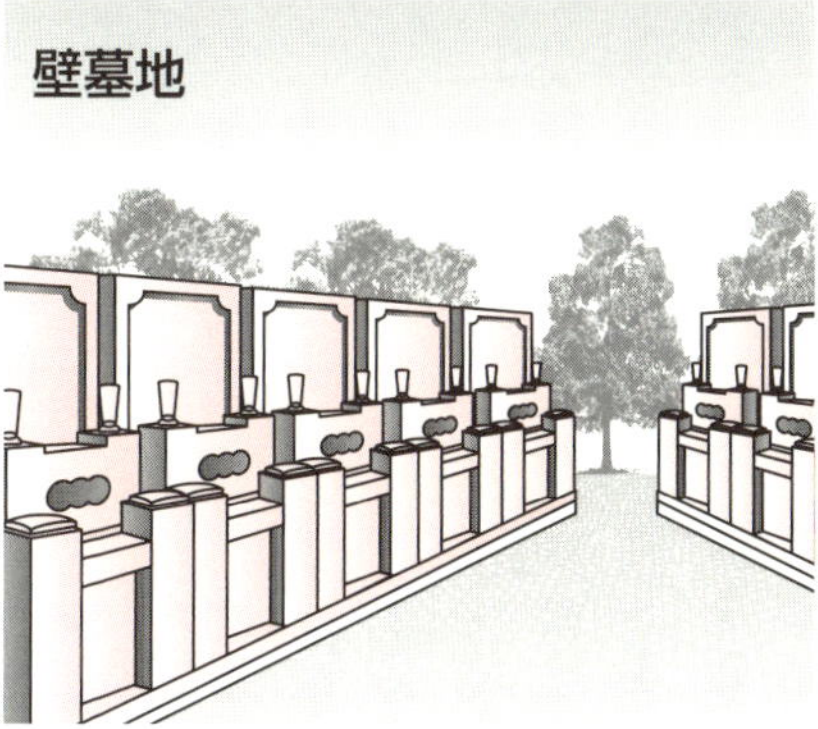

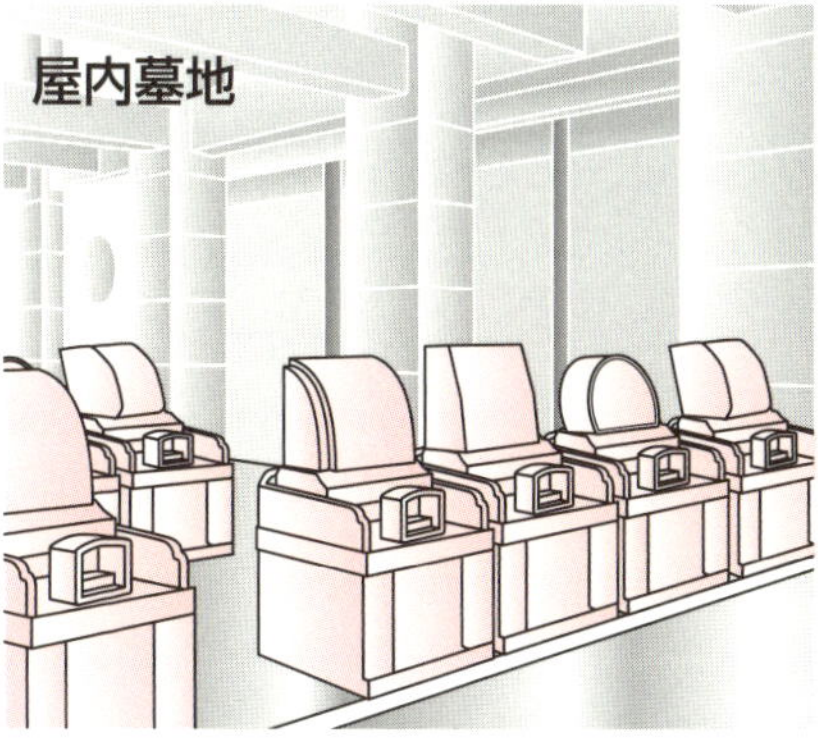

区画の広さを決める

建てようとするお墓によって、必要な区画の大きさも変わってきます。

最近は墓地不足から昔の墓地坪の四分の一の広さからありますが、その場合は壁墓地などのタイプにするしかありません。

付属品（65頁参照）に凝ったり、区画内にそれぞれ個人墓を建てていくつもりであれば、広いスペースが必要です。しかし、現在は家墓がほとんどであり、夫婦墓など一代限りと考えている方も多いので、それほど広くなくても大丈夫です。

すぐにお墓を建てる必要がなく、将来のためにとりあえず区画だけ買っておこうという人は、広い区画を選びがちのようです。

広いと外柵や墓石も大きくなりますし、付属品もいろいろ置きたくなるでしょう。いざ、お墓を建てる段になって、思いがけずお金がかかることがあります。

また、管理料も広さに合わせて高くなるのがふつうです。こうした点も考えて、区画の広さを決めましょう。

●墓地坪

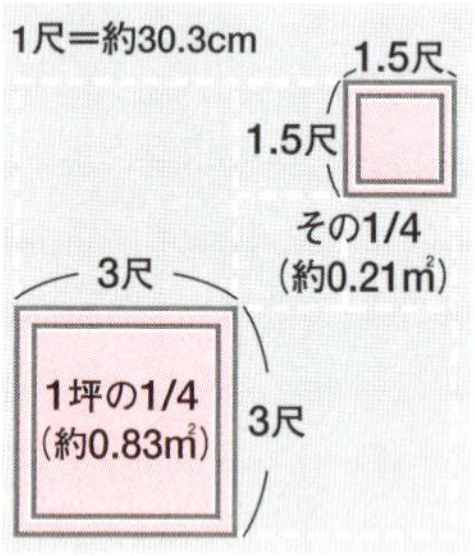

墓地の使用規則を確認する

希望の墓地のタイプ・区画が決まったら、かならず使用規則の書類に目を通します。重要事項がこまかく書かれているので、申し込み前に内容を把握しておくことが大切です。墓地の使用規則は、墓地の管理者が定めるもので、契約後に管理料を滞納したり使用規則に違反すると、永代使用権を取り消されることもあります。お墓を親族以外に譲渡することはほとんどの墓地が許可していません。許可されている場合でも事前申請が必要です。

●墓地の使用規則のおもな項目

- 使用目的
- 使用料
- 管理料
- 使用資格（宗旨、承継者の有無、遺骨の有無など）
- 埋葬できる範囲（親族だけか否か）
- 工事について（石材店の指定の有無、墓石の形・大きさの制限、いつまでに建てるか、植樹の可否）
- 埋葬および改葬の手続きについて
- 使用権の譲渡・取り消しについて

お墓のスタイルを決める

お墓を建てるといっても、誰が入るお墓なのかによってスタイルが変わってきます。

●**家墓**《いえばか》**（家族墓）**　一家の遺骨を合祀するもの。明治憲法により「家制度」が確立されて以降、もっとも一般的なお墓です。通常は、墓石に「〇〇家之墓」などと家名を刻みますが、家族の記念碑として「愛」「やすらぎ」など好きな言葉を刻むケースも増えています。

●**個人墓**《こじんぼ》　江戸時代以前は、ほとんどが個人や夫婦の単独墓でした。第二次世界大戦後の憲法改正で「家制度」が廃止されたことや、現在は承継者不足と個人志向の高まりから生前に自分のお墓として建てる人が増えています。墓石も個性的なものが好まれます。

●**夫婦墓**《めおとばか》　夫婦二人だけが入るお墓です。子供がいない夫婦が、生前に、あるいは一人が亡くなって建てたり、嫁いだ娘が実家の両親のお墓として建てるケースが多いようです。

●**両家墓**《りょうけぼ》　夫婦のそれぞれの両親・先祖を合《ごう》祀《し》するものです。一人っ子同士が結婚した場合など、それぞれの家のお墓を維持していくのは大変です。そこで、両家のお墓を一つにするもので、少子化の影響で増えています。墓石に両家の家名を刻むことも多いですが、自由な言葉を刻み、香炉や花立てに家名や家紋を入れる方法もあります。両家の故人の記録を墓誌に記したお墓もあります。

両家墓や夫婦墓、個人墓で、建立者が亡くなると承継者がいなくなるような場合には、永代供養契約（125頁参照）を結んでおくのがよいでしょう。

お墓の基本的な構成を知っておく

和型のお墓にするにしても洋型のお墓にするにしても、それぞれ基本的な形があります。

一般墓地にお墓を建てる手順としては、まず、外柵や境界石を築いて土盛りをしたのち、カロート（納骨棺）をつくり、墓石を据えて付属品を設置します。

仏式のお墓として最低限必要な付属品は、花や水をそなえる花立て・水鉢、線香をそなえる香炉です。このほかに、納骨や年回（年忌）法要の際に卒塔婆《そとうば》を立てるための塔婆立てをつくりますが、真宗各派は塔婆供養を行ないませんので必要ありません。

そして盛り土の上に敷板石《しきいたいし》や拝石《はいせき》を敷いて、周囲を化粧砂利で飾ります。スペースに余裕があれば、墓誌や五輪塔、灯籠《とうろう》、つくばい、植木、物置台、名刺受けなどを配置することもあります。

●**カロート（納骨棺）** 遺骨の埋蔵施設として、お墓でもっとも重要なものです。花立てなどを取り外した穴から遺骨を入れます。

コンクリート製が一般的で、従来は地中に埋められていましたが、下台石をくりぬいた地上式や半地下式もあります。内部の構造は、棚式になっていたり、底部分を土のままにしていたり、納骨の方法（113頁参照）によってちがいます。芝生墓地や壁墓地ではあらかじめ設置されており、改造が禁止されていることも多く、その場合にはカロートの構造に合わせた方法で納骨を行なうことになります。あとからの改造は難しいので、大きさや形をよく検討してつくることです。

●**外柵・境界石** 「巻石《まきいし》」とも呼ばれます。芝生墓地や壁墓地には外柵をつくらない規定になっているところもありますが、通常は、隣地との境界をはっきりさせるために外柵が必要です。また、「浄土《じょうど》と俗世界の境」という仏教的な意味もあります。

なお、石の使用量が多いため、墓石本体よりも高額になる場合があることも頭に入れておいてください。外柵の有無によって、予算が大きく変わってきます。

●**花立て・水鉢** 中央の水鉢は石を浅くくり抜いたものが一般的です。左右の花立ては、水を入れる部分が取り外し可能なものが便利です。これらが独立したものと、一体型のも

●お墓の基本的な構成

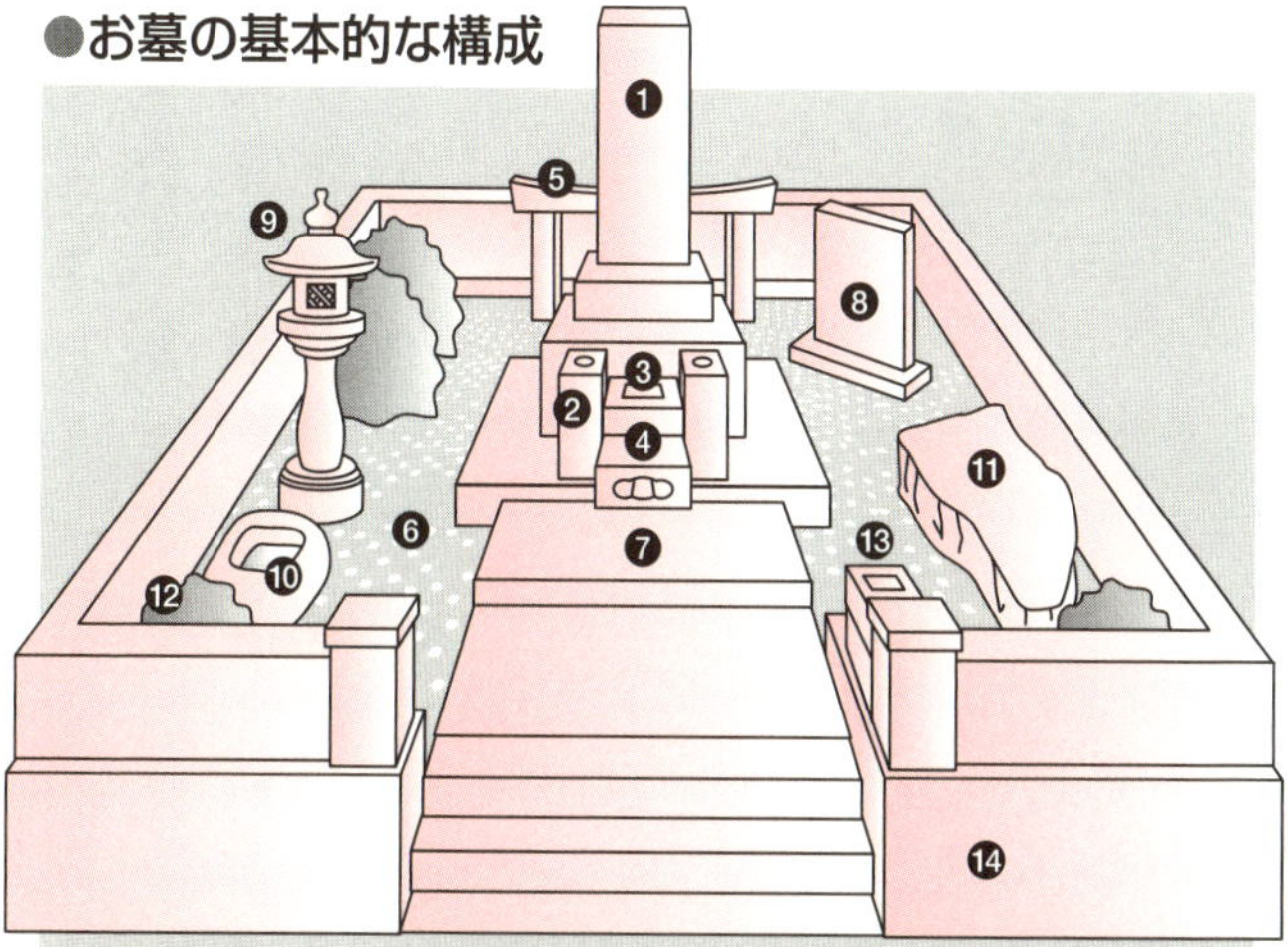

❶墓石　❷花立て　❸水鉢《みずばち》　❹香炉《こうろ》　❺塔婆《とうば》立て　❻化粧砂利《けしょうじゃり》
❼敷板石・拝石《はいせき》　❽墓誌《ぼし》　❾灯籠《とうろう》　❿つくばい　⓫物置台《ものおきだい》
⓬植木　⓭名刺受け　⓮外柵《がいさく》・境界《きょうかい》石（巻石）

＊真宗各派では塔婆立てを設置しない
＊工事期間は少なくとも1～2カ月は必要

● カロート（納骨棺）の構造 ●

Ⓐ 底が土になっているタイプ

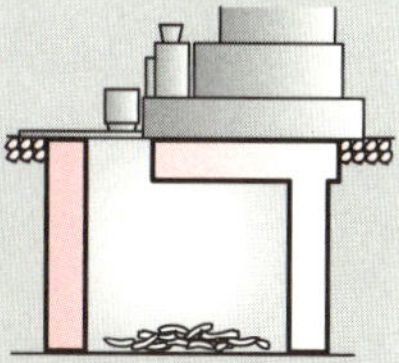

＊遺骨を骨壷から出して納める

Ⓑ 底がコンクリートや石のタイプ

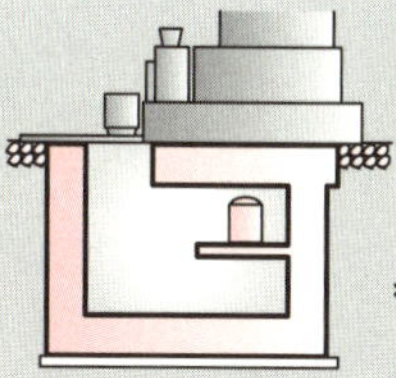

＊骨壷でいっぱいになったときに古い遺骨を土に還せるよう、底の一部を土にしたタイプもある

Ⓒ 地上式のカロート

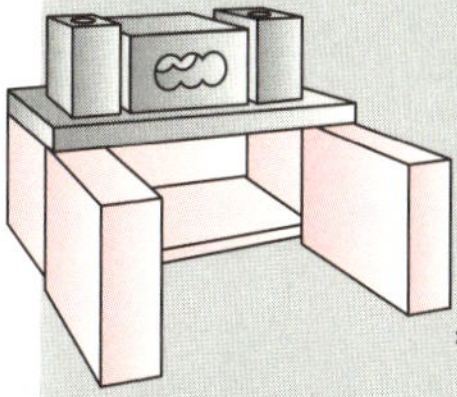

＊下台石や外柵と一体になっている

のがあり、家名や家紋を刻んだりもします。

●香炉　線香を寝かせておけるように石をくり抜いたものが一般的で、燃え残りを取り出しやすいように香炉皿がついていることもあります。形は、屋根が付いたもの、供物台を兼ねて経机《きょうづくえ》の形をしたもの、三つの輪を重ねた形にくり抜かれた「オリンピック型」と呼ばれるものなど、さまざまです。

また、線香を束で左右に一対《いっつい》立てるようになった「線香立て」タイプもあります。

●塔婆立て　仏式では、追善供養の意味で板塔婆（114頁参照）を立てるための柵を墓石の背後に設置します。

真宗各派では必要ありません。

●化粧砂利　雑草が生えるのを防ぐために敷きますが、かなり高額で、汚《よご》れも目立ちやすいため、土のままや芝生にしているお墓もあります。

●敷板石・拝石　歩きやすいように敷板石を置き、墓石の前に礼拝《らいはい》する場所として拝石を設置します。

●墓誌　片面のものと両面のものがあります。家墓では、墓石に戒名《かいみょう》（法名《ほうみょう》）や俗名《ぞくみょう》、死亡年月日、享年《きょうねん》などが刻みきれないので、別に墓誌をつくり、埋葬した順番に記します。

また、個人のお墓でも、業績などを記すためにつくることもあります。

真宗各派では「法名碑《ほうみょうひ》」と呼ばれています。

●五輪塔　下から方《ほう》・円・三角・半円・宝珠《ほうじゅ》を積み上げた形は、それぞれ地《ち》・水《すい》・火《か》・風《ふう》・空《くう》の五輪（仏教の宇宙観を示す五大要素）をあらわしています。五〇回忌を過ぎた先祖をまつるものとしているところもあります。刻まれる文字は宗派によってちがいます（81頁参照）。ただし、真宗各派では置きません。

●灯籠　仏教では、仏さまに灯明《とうみょう》をささげることがいちばんの功《く》徳《どく》とされており、お墓に灯籠を建てれば、灯《ひ》をともしているのと同じ功徳があるといわれています。

雪見灯籠

正式には「墓前《ぼぜん》灯籠」といいますが、決まった形はなく、庭園用の背の低い雪見《ゆきみ》灯籠を置いているところもあります。

●つくばい　低く据えた手水鉢《ちょうずばち》のこと。実際に手を洗うわけではありませんが、身心を清める意味があります。

●植木　ツゲやイブキ、ツツジなど、常緑樹で低木のものが原則です。根を張ってカロートを傷めることのないよう、墓石から離れた場所に配置するとよいでしょう。

●物置台　お墓参りのときに身のまわり品を置く台です。

●名刺受け　名刺受けは、お墓にお参りした人の名刺を受けるものです。

すぐにお墓を建てられないとき

家族が亡くなり、墓地を購入したが、予算などの関係ですぐにはお墓を建てられないというときは段階的につくっていく方法があります。まず、区画に境界石が設置されていなければ設置し、カロートをつくります。故人の年回法要や月命日、あるいはお盆やお彼岸《ひがん》などに合わせて遺骨を埋葬し、木製の角塔婆（墓標《ぼひょう》）を立てて、納骨式（112頁参照）を営みます。その後、墓地の使用規則に定められた期限までに完成させます。

●段階的にお墓を建てる順序

1 境界石を設置し、カロート（納骨棺）をつくる（遺骨を埋葬し、納骨式を営む）
＊外柵工事をする場合もある

▼

2 墓石を建て、供養に必要な付属品（花立て、水鉢、香炉、塔婆立てなど）を設置する

▼

3 区画に余裕があれば、墓誌などの付属品を備え付ける
＊使用規則に工事の完成期限が規定されている場合は、それまでに完成させる

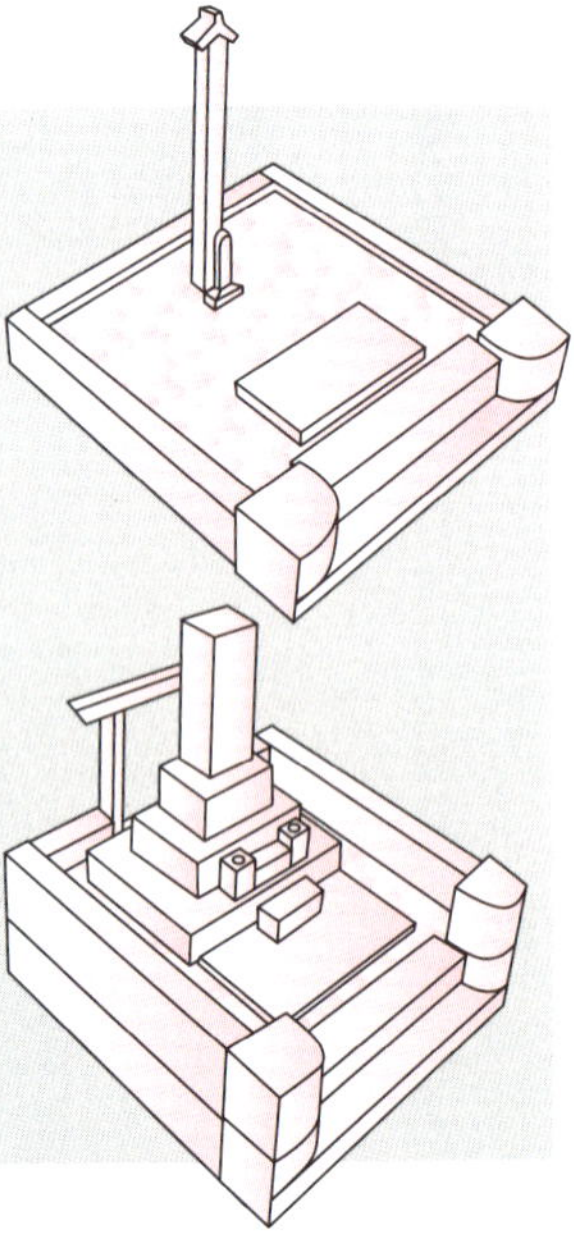

和型・洋型など墓石の形を決める

和型の墓石は「角碑《かくひ》型」とも呼ばれ、三段墓が主流です。

洋型の墓石は、横長の墓石の棹石《さおいし》を削って傾斜させた形の「オルガン型」のほか、「ストレート型」「プレート型」「アップライト型」などがあり、一段または二段が主流です。

洋型のお墓は背が低いため視界が開けて、明るく開放的な雰囲気になります。和型のお墓と並んでもよく調和しますし、卒塔婆を立てても違和感がありません。また、アレンジしてオリジナルなお墓にすることも容易です。

個人や家族の記念碑として、自由な形のお墓も増えています。ただし、オリジナルデザインのお墓を建ててよいかを墓地の購入前に確かめておく必要があります。

また、お墓参りに来てくれる親族のことも考え合わせて、家族でお墓のイメージをまとめることが大切です。デザイン要素は、墓石の形や色、その組み合わせ方、刻む文字などですが、高い石材を使わなくても加工費や施工費が余分にかかることは知っておいてください。石材店に予算とこだわりたい部分をはっきり伝えて納得がいくまで打ち合わせを重ねることが必要です。

●墓石の構造

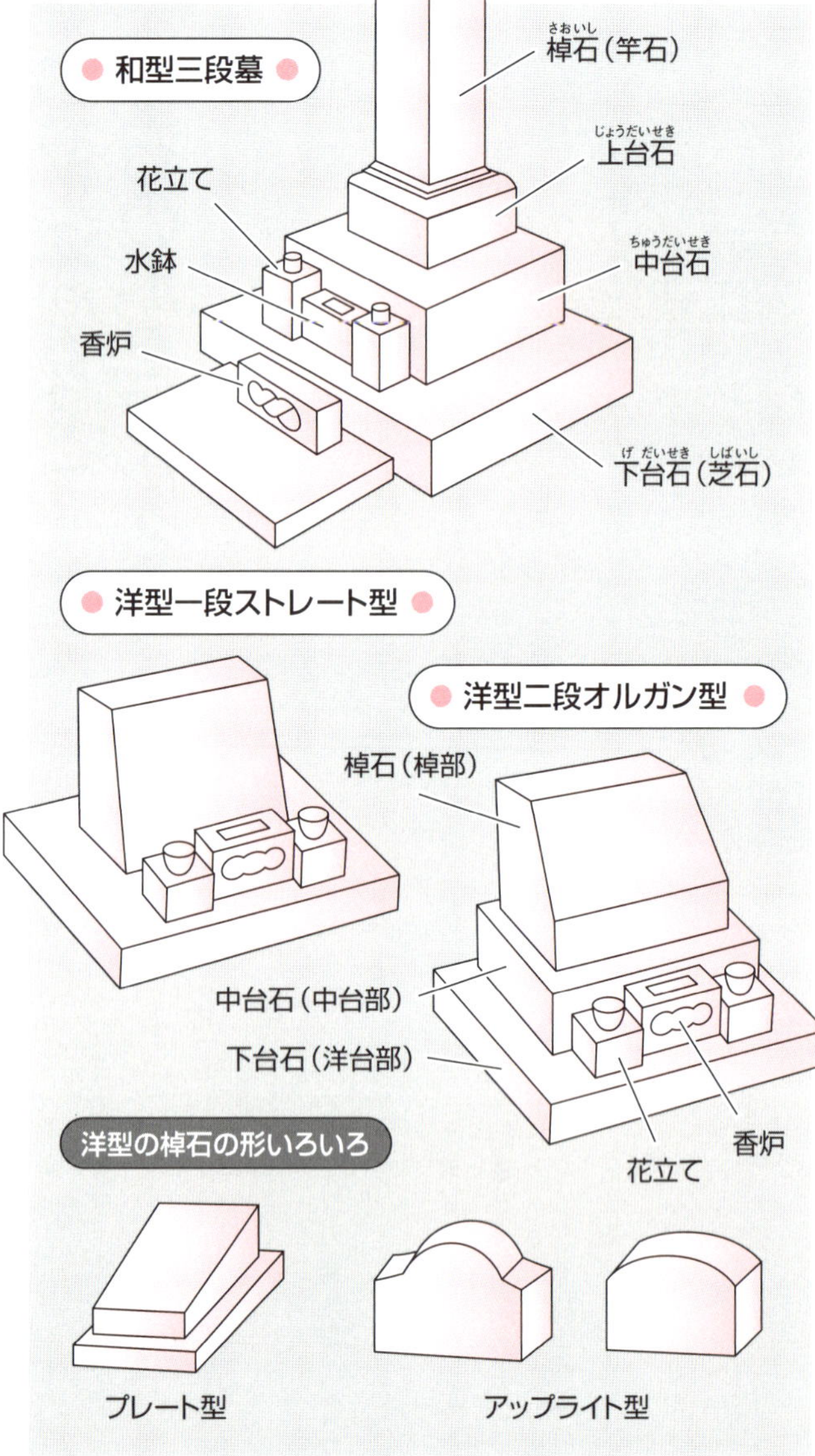

和型三段墓
棹石《さおいし》（竿石）
上台石《じょうだいせき》
花立て
中台石《ちゅうだいせき》
水鉢
香炉
下台石《げだいせき》（芝石《しばいし》）
洋型一段ストレート型
洋型二段オルガン型
棹石（棹部）
中台石（中台部）
下台石（洋台部）
香炉
花立て
洋型の棹石の形いろいろ
プレート型
アップライト型

現代の墓石は御影石が主流

日本で墓石として使われている石の種類は、輸入石材も含めると、何百種類にもなります。石は重く輸送が困難なため、もともとはその土地の近くで産出された石材が使われてきました。

かつては比較的柔らかく加工しやすい安山岩《あんざんがん》が主流でしたが、加工技術が発達した現在は硬質の花崗岩《かこうがん》が主流で、最高級品は香川県でとれる淡黒色の「庵治石《あじいし》」とされています。花崗岩は「御影石《みかげいし》」とも呼ばれ、硬度が高く吸水性が低いため風化に強く、磨くと美しい光沢が出ます。御影石という名前は、兵庫県神戸市の御影地区が産地であることから名付けられました。関西では「白御影石」、関東では「黒御影石」が好まれてきました。しかし、黒御影石は、正確には花崗岩ではなく、閃緑岩《せんりょくがん》や斑糲岩《はんれいがん》です。

近年は国産の石材は産出量が限られるため、石材の大半を輸入に頼っています。したがって、ひと口に花崗岩といっても、産地によって色や石目のこまかさなどがちがい、素人が判断するのは難しいことです。そこで、信頼のおける石材店を選ぶことがよい墓石を選ぶ近道といえます。

墓石選びは石材店選びから

安山岩のような柔らかい石は水を吸いやすく、苔《こけ》むしたり、汚れが目立ってくることがあります。また、寒冷地では水分が凍結したり溶けたりを繰り返すうちにひびが入ることもあります。花崗岩でも、何年か経つと光沢がなくなってくるものもあります。サンプルだけでなく、できれば墓地まで足を運んで、その石材店が手がけたお墓を見せてもらうことです。

墓石の価格は、国産か輸入物か、銘柄品か否か、大きさやデザインなどによって大きくちがいます。しかし、同じ種類で同じ大きさの墓石でも販売価格が大きくちがっていることがありますので、いくつか石材店をまわって現物を比べてみてよく話を聞くことが大切です。なぜなら、明細など出さずに墓地の永代使用料から墓石工事費一式のセット料金を提示するだけの石材店が多いからです。

お墓は長期間にわたって手入れが必要なため、その土地の気候や地質をよく知った業者に迅速に対応してもらえるというのが墓地が石材店を指定している理由のひとつです。墓地選びは石材店がポイント（54頁参照）といいましたが、墓石選びにも関係しています。

区画の広さと墓石のバランス

墓石を建てるときには、区画と墓石の大きさのバランスを考えることも大切です。広いからといって大きな墓石を建てる必要はありませんが、だいたいの目安があります。

和型のお墓の場合、一坪（約三・三平方メートル）には八寸角（約二四センチメートル）、九寸角（約二七センチメートル）が合うようです。中心となる棹石の大きさに合わせて台石の大きさや高さ、花立て・水鉢などのサイズも決まっています。しかし、地域や棹石の加工法によってもちがってきます。墓誌などの付属品を置くかどうかも考えて大きさを決めるとよいでしょう。

棹石や棹上部の形にもいろいろあります。

仏式の場合、現在は長方体の角碑型で棹上部が一文字《いちもんじ》型になったものが多いですが、丸《まる》兜巾《ときん》型にすると古風な感じになります。また、位牌《いはい》型や額縁《がくぶち》型の棹石では棹上部が丸兜《まると》型や隅丸《すみまる》型になります。

神式の場合は、上部がやや細くなった角柱《かくちゅう》型で棹上部を角兜巾《かくときん》型にするのが一般的です（76頁参照）。

また、お墓に刻む文字なども宗教・宗派によって異なりますので、後述します。

●墓石の大きさと形

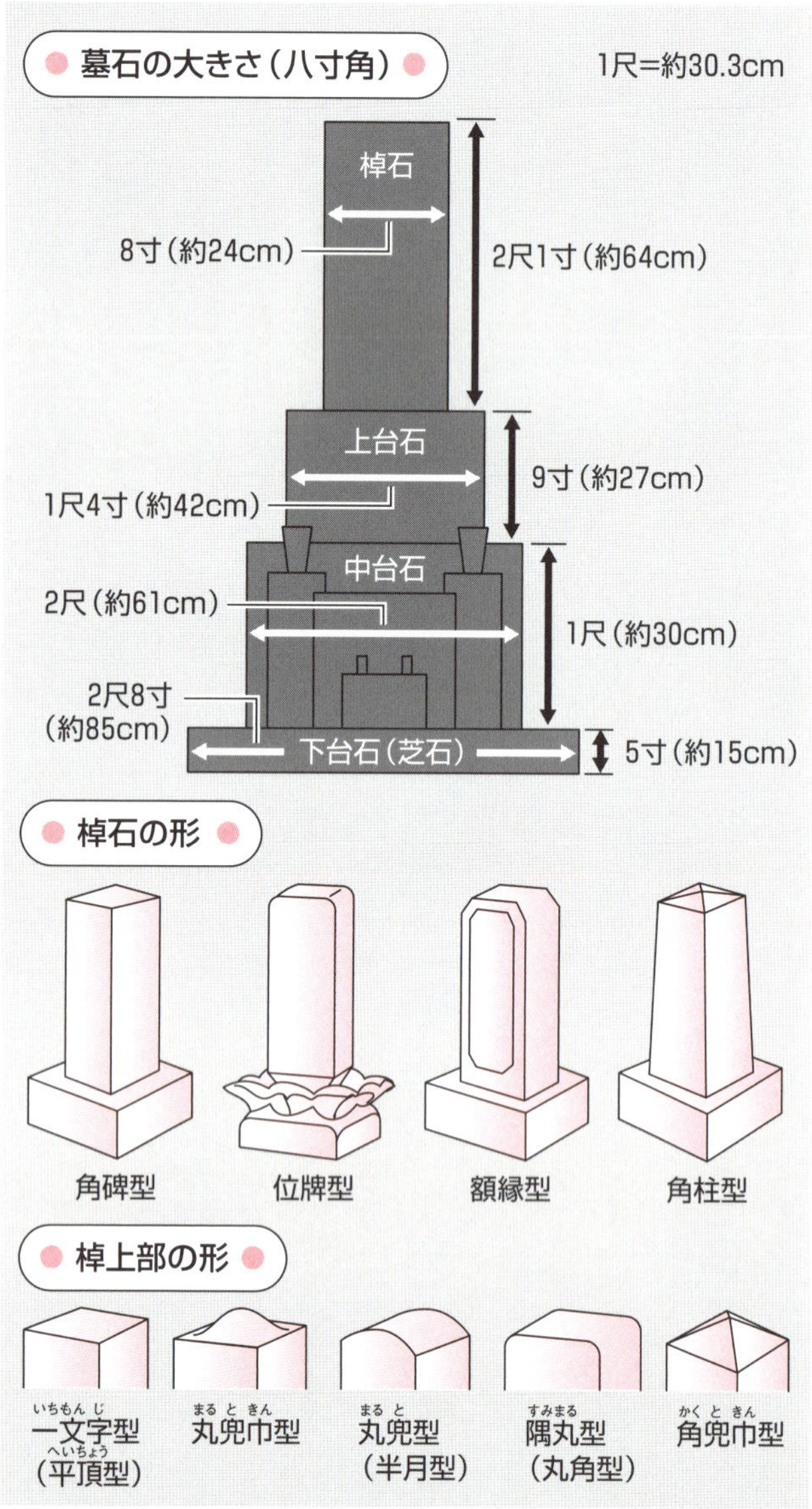
墓石の大きさ（八寸角）
1尺=約30.3cm
棹石
8寸（約24cm）
2尺1寸（約64cm）
上台石
9寸（約27cm）
1尺4寸（約42cm）
中台石
2尺（約61cm）
1尺（約30cm）
2尺8寸
（約85cm）
下台石（芝石）
5寸（約15cm）
棹石の形
角碑型
位牌型
額縁型
角柱型
棹上部の形
一文字型《いちもんじ》
（平頂型《へいちょう》）
丸兜巾型《まるときん》
丸兜型《まると》
（半月型）
隅丸型《すみまる》
（丸角型）
角兜巾型《かくときん》

お墓に刻む文字をどうするか

墓石に刻む文字はとくに決まりはありませんが、お墓のスタイルによっても多少ちがってきます。

もっとも一般的な家墓では、棹石の正面に「○○家之墓」「○○家代々之墓」などと刻んだものがよく見受けられます。戒名（法名）などは、棹石の右側面か、埋葬者が多い場合には墓誌に刻まれます。俗名（姓名）、没年月日、享年（数え年での死亡年齢）を刻むこともあります。

個人墓や夫婦墓は、正面に埋葬者の戒名や俗名を刻んだものが多く、右側面に没年月日と享年が刻まれます。

夫婦墓は、正面に夫の名を右側に妻の名を左側に並べて刻むので「比翼塚《ひよくづか》」ともいわれます。戒名を刻むときは、夫婦一緒に戒名をいただきます。そして、生存者の名前は朱色に塗っておきます（次頁参照）。俗名の場合も同様です。

●夫婦墓

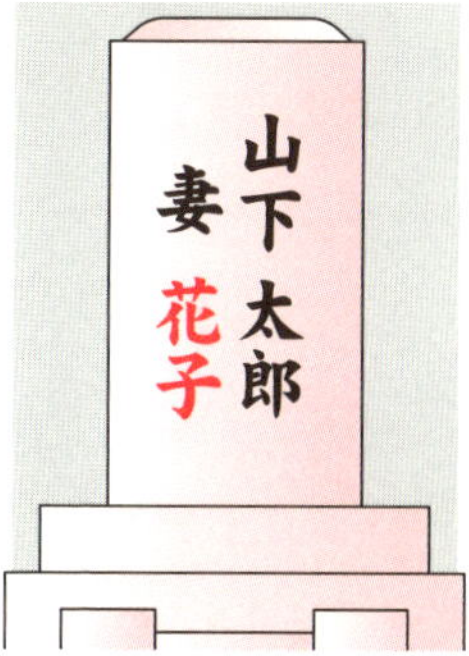

最近増えてきた両家墓では、両家の家名を連ねているものもあり

ますが、承継するときのことも考えて、家族の好きな言葉を刻むようになりました。

こうした傾向は、個人墓はもちろんのこと、家族墓や夫婦墓にも広がり、「宗派にとらわれたくない」「自分らしいお墓にしたい」という人が増えて、お墓に刻む言葉を自由に選ぶようになってきたといえます。

そして、お墓にはかならず、建立者の名前と建立年月日を上台石の左側面または棹石の裏面に刻みます。たいていは、納骨や年回法要の忌日となりますが、「○年○月吉日」とします。建立者名は連名にはしません。

墓石の価格には、文字や家紋などの彫刻代も含まれているのがふつうですが、特殊な加工をすると別に加工料がかかります。

文字の書体と朱色に塗るとき

和型のお墓では、楷書体《かいしょ》、草書体《そうしょ》、行書体《ぎょうしょ》、隷書体《れいしょ》などがよく使われます。また、どの書体でも正字《せいじ》（旧字体）が使われます。

洋型のお墓では、ゴシック体もよいですし、なかにはローマ字で刻む方もいます。

通常は書体見本を見て選びますが、書家に依頼したり、自分で書いた手書きの文字を彫ってくれる石材店もあります。オリジナルデザインのお墓を建てたい人は、そうしたことが可能か最初にうかがっておくとよいでしょう。

お墓を建立した人の名前や、寿陵《じゅりょう》に刻まれた俗名や戒名が朱色に塗られていることがあります。これは、その人が存命である証《あかし》です。俗名や、たとえ戒名であっても、聖なる墓石に俗世界に現存する人の名を刻むので、その他の聖なる文字と区別する意味で行なわれてきました。昔は、仏さまをあらわす文字には金箔《きんぱく》がはられ、その他の文字は濃紺色に塗られていましたが、最近は色を入れないで自然のままが好まれています。ただ、白色系の石で、文字が見にくいときは黒や濃紺色に塗ることもあります。

墓相など気にする必要はない

人相や手相のようにお墓にも墓相があり、その家や家族の人生に吉凶の影響を与えるといわれています。墓相は日当たりや風通しがよいといった風水《ふうすい》からはじまったものですが、現在は必要以上に凶事が強調されているようです。お墓の向きや、墓石の形・材質・色、刻む文字など墓相家によって吉凶がまったく逆になることも少なくありません。聞けば気になるのは仕方がありませんが、自分なりに納得できるものだけ取り入れればよいのです。

仏式のお墓は宗派によってちがう

仏教のお墓は、仏舎利《ぶっしゃり》（お釈迦さまの遺骨）をまつった仏塔にはじまります。前述のとおり、日本でいちばん古い墓石の形は宝篋印塔《ほうきょういんとう》で、次いで五輪塔《ごりんとう》です。仏塔を建てることが最大の追善供養とされているからです。

いまは角碑型の墓石が主流ですが、「南無《なむ》阿弥陀仏《あみだぶつ》」などとよく刻まれています。これは、墓石が勧請（仏さまをお迎えしてまつること）を示しています。

現在、檀信徒を持つおもな仏教宗派は、天台宗、真言宗、浄土宗、真宗各派、禅宗（臨《りん》済《ざい》宗や曹洞《そうとう》宗など）、日蓮宗です。

仏式のお墓では、これら宗派によって墓石に刻まれる文字がちがいます。よりどころとしている本尊や根本聖典《こんぽんせいてん》が異なるからです。そのため、仏弟子としての名前である戒名もちがいます。なお、真言宗では「法名」といい、日蓮宗では「法号」と呼ばれています。

墓石に刻む文字だけではありません。真宗各派では塔婆供養をしないので、塔婆立ては必要ありません。このように年回法要やお墓参りの作法も宗派によってちがいます。

宗派に沿ったお墓を建てたいときは、菩提寺の住職にアドバイスを受けましょう。

●仏教宗派によってちがう墓石に刻む文字

	天台宗	真言宗	禅宗	浄土宗	真宗各派	日蓮宗
名号や経文を刻む場合	南無阿彌陀佛	南無大師遍照金剛	南無釈迦牟尼佛	南無阿彌陀佛	倶會一處 または 南無阿彌陀佛	南無妙法蓮華経
家名の上に刻む場合	《キリーク》（阿弥陀仏を示す梵字） ＊他の仏を示す梵字のこともある	《ア》（大日如来を示す梵字） ＊他の仏を示す梵字のこともある	○（円相）	（阿弥陀仏を示す梵字）	＊何も入れない	妙法
五輪塔に刻む場合	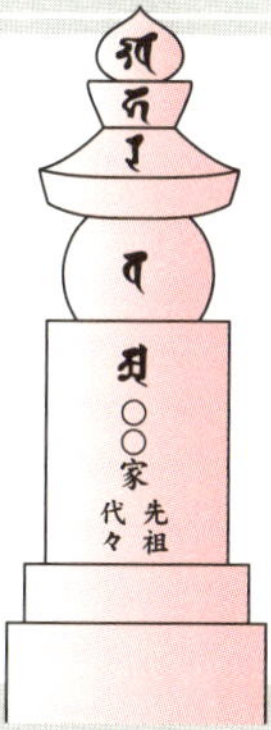		空・風・火・水・地	南無・阿・彌・陀・佛	＊五輪塔を建てない	妙・法・蓮・華・経

神道のお墓は「奥都城」と刻む

明治時代の「神仏分離令」により神道と仏教が分けられる以前は、神道もすべて仏式のお墓でした。なぜなら神道では「死はけがれ」とされ、神社には墓地がなかったからです。神道の墓石にはお墓を意味する「奥都城《おくつき》」（奥津城）の文字が刻まれ、埋葬者は姓名に「命《みこと》」「之霊《のれい》」などをつけた霊号《れいごう》で記されます。線香をあげないので香炉は置かず、水や塩、洗米《せんまい》、御神酒《おみき》などの供物をそなえる八足台《はっそくだい》を設置し、花の代わりに榊《さかき》を飾ります。

キリスト教のお墓は十字架がシンボル

欧米では現在も土葬が多く、個人墓が主流です。墓石の形などは自由で、十字架の形にしたり、プレート型やオルガン型の墓石には十字架を刻むことが多いようです。また、聖書の一節や好きな言葉を刻んだり、埋葬者の名前に洗礼名（クリスチャンネーム）を入れることもあります。

日本では、洋型の墓石に家名や家紋を刻んだ折衷型の家墓もあります。付属品としては、花を手向けるための献花台を設置します。

第4章 お墓を改葬・分骨する

改葬とはお墓の引っ越し

お墓を移転することを「改葬」といいます。法律的には、祭祀《さいし》主宰者はお墓（遺骨）を、墓地あるいは納骨堂として許可されている場所であればどこへ移転してもかまいません。

ただ、改葬は人が引っ越しするように移転先が見つかれば簡単にできるというものではありません。移転先はもちろんですが、いまお墓がある墓地管理者からも許可を得る必要があります。また、菩提寺《ぼだいじ》との関係にも留意しながら円滑に進めたいものです。

改葬にはいろいろなケースがある

まず、どのような場合に改葬が必要となるか、そのケースを考えてみましょう。

●故郷を離れて定住しており、もうその土地にはもどることはない。お墓参りに行くのが大変なので、現在の住まいの近くに新しくお墓を建てる。

●一家でその土地を離れるので、お墓も一緒に移転させる。

●自分の代で承継者が途絶えるので、親族のお墓に合祀《ごうし》する。あるいは、永代供養墓（125

頁参照）に供養する。

●次男なので独立してお墓を建てた。その新しいお墓に、実家のお墓に埋葬されている両親の遺骨を分骨する。

●一人っ子同士の夫婦なので両家墓（64頁参照）にする。

●宗旨を変更して菩提寺の宗教儀式に従えなくなったので檀家《だんか》をやめる。菩提寺にある先祖代々のお墓を宗旨不問の墓地に移す。

●単独墓で墓所がいっぱいになったので、合祀墓を建てる――これはお墓の移転ではありませんから改葬の手続きは不要ですが、墓所を掘り起こすことになりますので、墓地管理者の許可が必要です。

菩提寺との関係がキーポイント

改葬では、菩提寺はそのままでお墓だけ移す場合と、菩提寺を変える場合があります。

菩提寺が変わらない改葬は、88～89頁の手順どおり行なえば問題が生じることはほとんどありません。

気を使わなければならないのは菩提寺を変える場合です。お寺にとって檀家が減るということはお寺の経営にも影響します。それが人口流出が進む地域であればなおさらです。そのような地域の寺院墓地では、改葬して空

●菩提寺への改葬の相談（離檀する場合）

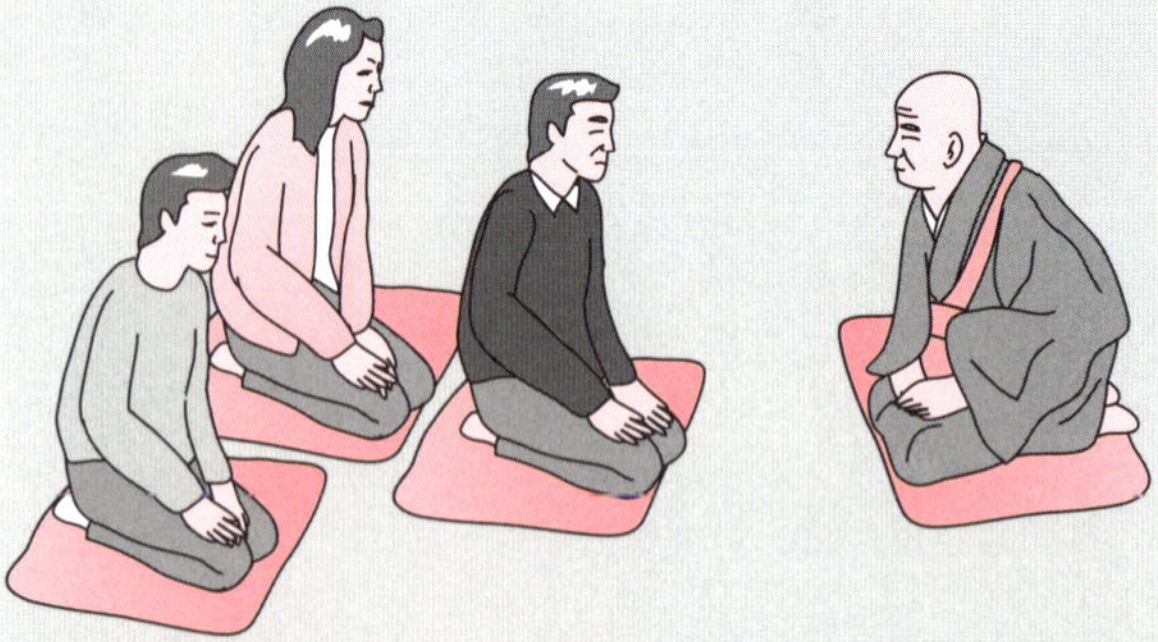

① おわびをする

日ごろ、なかなか、お墓参りに来られないことをおわびする

② 感謝の言葉

これまで法事などで長年お世話になったことへの感謝の意を述べる

③ 改葬理由を述べる

「いまの居住地でしっかりと供養していくため」「この土地を離れるため」など改葬の理由を述べ、理解を求める

④ 今後の相談

改葬先でのお寺を紹介してもらうなど、今後のことについて相談する

いた墓所を返還されても、新たに建墓する人が見つからないかもしれません。

もちろん、菩提寺を離れるのは自由です。もっとも大切なのは、改葬先を決める前に菩提寺に相談することです。なぜ改葬を考えたのか、その事情を説明して理解を求めます。もし、改葬先でも同じ宗派の菩提寺を探すのであれば、お寺を紹介していただくことも可能です。

お寺によっては離檀料を求める場合もあります。法外な金額の場合は別ですが、そうでなければ、法事などでこれまでお世話になったお寺ですから、自分のできる範囲で礼を尽くしましょう。

また、近隣に住む親戚も檀家となっているお寺であれば、その後のつきあいのこともあるので、親戚にも事前に相談しましょう。

改葬には時間と費用がかかる

次項から改葬の手順をご紹介しますが、準備や手続きなどは多岐にわたります。

新しいお墓を建てる費用のほかに、これまでのお墓を整理する費用がかかります。

改葬には時間も費用も予想以上にかかるものと思って、余裕をもった計画で進めていきましょう。

これまでの墓地

1 これまでの墓地管理者に改葬を願い出て、承諾を得る

4 これまでの墓地のある市区町村役所で「改葬許可申請書」と「埋葬証明書」（納骨堂の場合は「収蔵証明書」、土葬の場合は「埋蔵証明書」：以下省略）など改葬に必要な書類をもらう

*「改葬許可申請書」「埋葬証明書」は、遺骨一体につき一枚必要だが、一枚に複数記入できる書式の場合もある

改葬先の墓地

2 改葬先の墓地を確保し、お墓を建てる（あるいは納骨堂を確保する）

3 改葬先の墓地管理者に「受入証明書」を発行してもらう

●改葬の流れ

❺ 「改葬許可申請書」に所定事項を記入したうえで、これまでの墓地管理者に「改葬許可申請書」と「埋葬証明書」の所定事項を記入、押印してもらう

❻ 「改葬許可申請書」「埋葬証明書」に「受入証明書」を添えて、これまでの墓地のある市区町村役所へ提出して、「改葬許可証」を発行してもらう

❼ これまでの墓地で閉眼法要（御霊抜き）を行ない、遺骨を取り出す。墓地は更地にして墓地管理者に返還する

❽ 改葬先の墓地管理者へ「改葬許可証」を提出する

❾ 改葬先の墓地で開眼法要（御霊入れ）と納骨式を行なう

改葬に必要な事務手続き

改葬の流れは前頁のとおりです。

これまでの墓地管理者から承諾を得られたら、これまでの墓地のある市区町村役所に、改葬に必要な書類をもらいに行きます。書類を受け取ったときに、申請手続きに必要な書類や持参するものを確認します。

申請書類は、インターネットのホームページからダウンロードして利用できる自治体もあります。

必要な書類の形式や書式は自治体によって多少ちがいますが、基本的には次の書類が必要になります。

●受入証明書

改葬者が該当する墓地使用権を得ていることを証明する書類。改葬先の墓地管理者に発行してもらいます。墓地の使用権を取得したときにもらう「永代使用許可証」の提示で代用できたり、改葬許可申請書に管理者の署名・押印してもらうことで受入証明とする自治体もあります。

●埋葬証明書

該当の遺骨がたしかに埋葬されていることを証明する書類。これまでの墓地管理者に発行してもらいます。「改葬許可申請書」に管

●「改葬許可申請書」に記入する内容

- 死亡者の本籍
- 改葬の理由
- 死亡者の住所
- 改葬の場所
- 死亡者の氏名
- 申請者の住所・氏名・連絡先
- 死亡者の性別
- 申請者の死亡者との続柄
- 死亡年月日
- 申請者の墓地使用者との関係
- 埋葬または火葬の場所
- 申請者の署名・押印
- 埋葬または火葬の年月日

＊改葬する遺骨が複数ある場合は、全員の分を記入しなければならないので、あらかじめ調べておく

理者の署名・押印してもらうことで「埋葬証明書」とする自治体もあります。

●改葬許可申請書

「改葬許可証」を発行してもらうための申請書類。必要事項をすべて記入し、「埋葬証明書」と「受入証明書」を添えて、これまでの墓地のある市区町村役所に提出します。

「改葬許可申請書」「埋葬証明書」は、遺骨一体につき一枚必要ですが、一枚に複数記入できる書式になっている自治体もあります。

申請時に持参するものは、

・改葬許可申請書
・埋葬証明書
・受入証明書

・申請者の印鑑（認め印）
・本人と確認できるもの（保険証、運転免許証など）

などです。

遠隔地の場合は、郵送での申請も可能な自治体もあります。また、申請の代行も可能です。改葬先の墓地管理者が代行してくれたり、代行業者もあります。

改葬にかかる費用を考える

改葬には、新たに建てるお墓の費用を除いて、次のような費用がかかります。石材店に依頼する墓地改葬作業の費用は見積もりをとります。（　）内は費用の目安です。

●閉眼《へいげん》・開眼《かいげん》法要（御霊《みたま》抜《ぬ》き・御霊《みたま》入《い》れ）、納骨式などのお寺へのお布施（94頁参照）
●これまでの墓地から遺骨を取り出す費用（一体につき三万～五万円程度）
●これまでの墓地を更地にもどす費用（一平方メートル当たり一〇万～一二万円程度）
●改葬先に遺骨を納骨する費用（一体につき二万～三万円程度）
●改葬事務手続き費用（改葬許可証申請手数料は二〇〇～三〇〇円程度）

このほかに、交通費や宿泊費、石材店への心付けなどがかかります。

改葬の日程を調整する

改葬の事務手続きを終えて「改葬許可証」の交付を受けたら、あとは実際にお墓（遺骨）の移転を進めていきます。

これまでの墓地では、閉眼法要（95頁参照）を行なったあとに遺骨を取り出し、墓石を撤去してから墓地を更地にもどします。閉眼法要は菩提寺にお願いし、墓地改葬作業は石材店に依頼します。

まず、家族で改葬日時の候補を決めてから菩提寺に連絡して都合をうかがい、墓地管理者へ連絡、同時に石材店にも改葬作業の依頼をします。寺院墓地も含めて多くの墓地は石材店を指定しているので、自分で石材店を探すことはほとんどありません。

石材店には事前に現地を見てもらい、遺骨の取り出し、墓石の撤去、墓地の整地などの改葬作業費用の見積もりをとります。立ち会ったほうが安心ですが、できなければ墓地管理者に連絡し、石材店だけで行なってもらってもよいでしょう。

改葬の日は、家族がそろう週末になる可能性が高いと思いますが、週末のお寺は各種法要で忙しいので、早めに連絡しましょう。

また、改葬先での開眼法要・納骨式（97頁参照）の日取りも早めに決めて関係各所に連絡するようにしましょう。

改葬当日の手順は僧侶や石材店に従う

改葬当日は、これまでのお墓がある墓地管理者に「改葬許可証」を提示します。

墓地が寺院墓地以外の場合は僧侶に来ていただかなければなりません。お迎えにあがるのがいちばんですが、かなわないなら車代を法要のお布施とは別に用意しておきます。白封筒に「御車代」と書き、金額は五〇〇〇円程度が目安です。ただ、これはあくまでもお

土葬された遺骨を改葬する場合

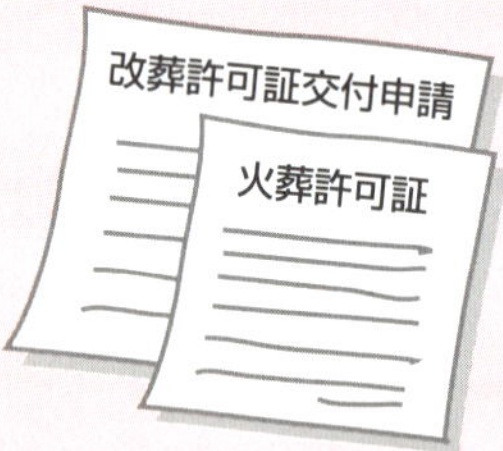

土葬の習慣が長くつづいていた地域、あるいは先祖代々のお墓などでは、土葬された遺体が遺骨となっている場合があります。これを改葬するときは、遺骨を取り出して火葬し、改葬先へ埋葬します。市区町村役場への「改葬許可証交付申請」と同時に「火葬許可証」の交付も申請します。また、改葬の日に合わせて火葬場の予約も必要になります。墓地管理者や改葬作業を依頼する石材店にも事前に相談しましょう。

礼の気持ちですから、家の事情に合わせて決めるようにしましょう。

閉眼法要のお布施は、三万～五万円程度が目安となっていますが、こちらは地域やお寺によってちがいますので、できれば地元の親戚や石材店などに聞いてみるとよいでしょう。お布施と車代は法要のあとで渡します。

また当日、改葬作業をしてくれる石材店業者にも心付けを渡すのが一般的です。白封筒に「御礼」と書き、金額は五〇〇〇円から一万円程度が目安です。数名で来ているときは代表者に渡せばよいでしょう。業者はたいてい早く到着しているので、あいさつしてすぐに心付けを渡してかまいません。

菩提寺の僧侶が到着したら、閉眼法要をはじめていただきます。閉眼法要は、墓石に宿った仏さまの霊《たましい》を抜いていただく儀式です。そして墓石とお別れする意味でお経を読んでいただき、焼香をします。手順については僧侶に従いましょう。

法要が終わったら遺骨を取り出します。遺骨は、骨壺に入っているもの、布袋に入っているもの、カロートのなかに散骨されているものなど、その土地の慣習によります。もし遺骨が土に還《かえ》ってわからなくなっている場合は、そこの土を茶碗一杯ほどすくって、遺骨として改葬先に持っていくこともあります。

いずれにしてもその土地の慣習をよく知っ

ている僧侶や石材店に従うのがいちばんでしょう。

遺骨の取り出しが終わったら、石材店が墓石を撤去して墓地を更地にします。これは当日すぐに行なわないこともありますので、業者に任せます。

もし、これまでの墓石を改葬先の新しいお墓に移してあらためて建墓したい場合は、改葬先の墓地管理者に確認します。古い墓石を認めていない墓地もあるからです。改葬先に問題がなければ、改葬先の石材店に相談してみます。古いものだと搬送中に割れる心配があるので、新しい墓石をすすめる石材店もあります。

古い墓石を移す場合も、閉眼・開眼法要は行ないます。

遺骨はお寺か自宅で安置する

これまでのお墓での閉眼法要から改葬先での開眼法要・納骨式までをその日のうちにできれば問題ありませんが、そうでない場合は取り出した遺骨を安置しておかなければなりません。菩提寺が変わらない場合は菩提寺で預かってもらえばよいでしょう。

菩提寺が変わる場合は、自宅に安置するか、新しい菩提寺に預かってもらいましょう。

いずれにしても、できるだけ早く開眼法要を行ない、納骨するようにします。

改葬先のお墓に納骨する

納骨するときは、改葬先の墓地管理者に「改葬許可証」を渡します。改葬許可証は、墓地の管理事務所が預かります。

新しいお墓では開眼法要を行なってから納骨式をしますが、これはたいてい同時に行なわれます。僧侶へのお布施や車代、石材店への心付けも閉眼法要と同様です。

納骨は、故人の年回（年忌）法要に併せて行なってもよいでしょう。年回法要では、案内や引き出物やお斎《とき》（会食）など準備に時間がかかりますので、余裕をもって進めましょう（109頁参照）。

火葬時の分骨は早めに葬儀社へ

第2章でもふれましたが、分骨とは遺骨を複数の場所に納骨するため分けることです。ここでは分骨の仕方についてご紹介します。

分骨には、大きく分けて「火葬時に行なう場合」と「埋葬後に行なう場合」があり、それによって手順がちがいます。分骨することがはじめからわかっているなら、火葬時に行なったほうが手続きも簡単です。

遺体の火葬時には、火葬場から「埋葬許可証」（提出した「死体火葬許可証」に火葬証明の証印を押した書類）が発行されます（33頁参照）。これは遺体一体に対して一通のみの発行となります。しかし、火葬時にその場で分骨した場合は、死体埋葬許可証に代わる火葬証明の書類を発行してもらえます。「埋葬許可証（分骨用）」あるいは「火葬証明書」など書類の名称や形式は自治体によって異なりますが、どこの火葬場でも分骨した数だけ発行してもらえます。

その書類は「埋葬許可証」と同様に、分骨した遺骨を納骨するときに墓地管理者に提出します。

分骨の場合は改葬とちがって、自治体の許可を得る必要はありません。

火葬時に分骨する場合は、あらかじめ葬儀社に分骨用の小さな骨壺を用意してもらいましょう。

分骨用の火葬証明の書類も、葬儀社のほうで分骨のする数だけ手配してくれるのが一般的です。この書類は、先ほど述べたとおり、納骨の際に「埋葬許可証」の代わりとなるので、忘れずに受け取りましょう。

分骨するお骨は、骨あげのときに火葬場の係員が取り分けてくれます。

もし、火葬後に自分で勝手に骨壺から分骨すると、その遺骨はどこにも納骨することができなくなりますので注意しましょう。

納骨後の分骨は分骨証明書が必要

「寿陵《じゅりょう》（生前墓）を建てるが、亡き両親の遺骨も分骨して入れたい」「嫁いだ娘の遺骨を分骨してもらい、うちのお墓に入れたい」など、すでに埋葬されている遺骨を分骨したい場合もあります。

その場合は、遺骨のある墓地の使用権者（祭祀主宰者）に承諾を得なければなりません。たとえば、内縁の妻が正妻に夫の遺骨を分骨してほしいと求めた場合などでは、争いになることもあります。そのようなときは、双方でよく話し合う必要があるでしょう。

墓地の使用権者の承諾を得られたら、遺骨のある墓地の管理者に「分骨証明書」を発行してもらいます。

きょうだいそれぞれが分骨したいなど、複数分骨する場合は、それぞれに「分骨証明書」が必要です。

法律的に墓地管理者は分骨の要請を断ることはできません。ただ、寺院墓地の場合はお墓が荒らされるなどの理由で、分骨を拒むこともあるようです。そのときは、なぜ分骨を願い出るに至ったかを説明して理解を求めましょう。

実際にお墓から遺骨を取り出して分骨する際には、石材店に依頼することが多いようです。

そして分骨した遺骨を新しい納骨先に納めるときに「分骨証明書」を提出します。

なお、公営墓地などでは「一度も埋葬したことがない遺骨を持っていること」「埋蔵する遺骨を持っていること」などの条件がついている場合があります。これらの墓地規則にはたいてい「分骨は不可」という条件もついていますので、その場合、分骨した遺骨では使用資格とはなりません。

第5章

納骨とお墓の供養

菩提寺とは先祖供養のお寺

一般的に〝うちのお寺〟のことを菩提寺《ぼだいじ》と呼んでいます。菩提寺の「菩提」とは古代インド語であるサンスクリット語（梵語《ぼんご》）の「ボーディ」に由来し、「悟り」とか「目覚め」という意味です。つまり、遺族が故人をしのび、「どうか故人が浄土で悟りを得て幸せになれますように」と願うお寺が菩提寺です。

また、追善供養のことを「菩提を弔う」というように、先祖を供養する菩提所という意味もあります。

菩提寺と檀家は布施をし合う関係

菩提寺は檀那寺《だんなでら》ともいわれます。「檀那」とはサンスクリット語の「ダーナ」に由来し、「施しをする人」という意味です。「旦那」と書く場合もあるように、一般用語としても使われています。そして、檀那寺に所属する人を檀家《だんか》といいます。檀家は金品などを布施して菩提寺のさまざまな活動を支え、菩提寺は檀家に仏法を説くという関係です。

布施というと、私たちがお寺や僧侶に金品を施す（差し上げる）ことのみを想像します。

しかし、仏教でいう布施には「法施《ほっせ》」「財施《ざいせ》」「無畏施《むいせ》」の三つがあります。

法施とは、私たちが正しい生き方をするためにお釈迦さまの教えを伝え導く施しのことで、これは僧侶のつとめです。

財施とは、僧侶の法施に対して金品などを施す謝礼のことで、これは檀家のつとめです。

無畏施とは、畏怖《いふ》（不安や恐れ）を取り除くという意味で、これは僧侶も私たち一般の人も行なうことができます。つまり、僧侶も檀家もお互いに自分ができることをさせていただくということです。

布施の意味からもわかるように、菩提寺はお葬式や法事など先祖を供養するためだけでなく、生きている私たちにとっても大切な場所であるということです。

菩提寺を新たに探すときの心得

郷里を離れ独立して一家をかまえたり、引っ越しなどで遠くに移転し定住する場合は、新たな菩提寺を探すことになります。特定の宗教や宗派にこだわりがなければ、郷里の菩提寺に紹介してもらうとよいでしょう。

住まいの近くに同じ宗派のお寺が多数ある場合もあります。そんなときは、お寺の行事を見学したり、近所の人に話を聞いてみると、

そのお寺の様子がわかります。

檀家になることは、そのお寺と長いおつきあいになるのですから、多少時間がかかっても慎重に探しましょう。

よいお寺が見つかったら、住職と会います。そしてお寺の運営費や護持費、奉仕活動など檀家としてのつとめをうかがいます。それらに納得したうえで、檀家になることを願い出て、お寺の許可をもらえれば檀家になることができます。

檀家として認められたら、菩提寺の年中行事にはできるだけ参加します。そして、他の檀家の方々とも親交を深め、菩提寺を支え合いましょう。

不幸があってから、あわてて菩提寺を探しても間に合いません。これから探す必要のある方は、何もない平穏なときにこそ、じっくりと探してみてはいかがですか。

法事は人生の無常を知るよい機会

大切な人を亡くした遺族の悲しみやつらさは、死の直後だけではなく、ときには数年もつづくことがあります。

仏教では、四十九日《しじゅうくにち》や一周忌、三回忌などに法事（正式には法要という）を行ないます。これは遺族の悲しみを段階的にやわらげていくグリーフワークともいえます。

グリーフワークというのは、大切な人を亡くした深い悲しみをさまざまなかたちで表にあらわすことで、その事実を受け入れていく心の作業のことです。

喪失感や悲嘆を乗り越えるプロセスは人によって千差万別です。もしグリーフワークが正しく行なわれなければ、悲しみを無理に抑制することで心身症に陥る危険もあります。あるいは生きる力を失ってしまう場合さえあります。

遺族は誰もがこの喪失体験を乗り越えなければなりません。法事は人生が無常であることに気づかせてくれ、亡き人をよい思い出に変えてくれます。また、自分の人生の意義を自覚する、よい機会です。

ですから私たちは法事をないがしろにせずに、縁者そろっておつとめしたいものです。

七日ごとに行なう中陰法要

亡くなった日から四九日間を「中陰《ちゅういん》」といい、七日ごとに七回の法要を行ないます。

中陰は「中有《ちゅうう》」ともいい、死者は四九日目に死後の行き場所が決まるという、古代インドの思想を背景としたものです。ここから「四十九日の冥土《めいど》の旅」がいわれるようになり、故人が無事に成仏してくれることを祈る追善供養の意味で中陰法要が行なわれます。

最近は、葬儀に引きつづいて付初七日《つけしょなぬか》法要として行なわれるのが一般的です。そして満中陰には親戚などを招いて四十九日法要が行なわれ、忌明けとなります。関西などでは「お逮夜《たいや》」といって、忌日の前夜にこれらの法要を営むことが多いようです。中陰とは、こうして遺族の心が整理されてくるのを待つ期間であると考えるとよいでしょう。

●中陰の忌日

- 初七日《しょなぬか》（死亡日を1として7日目）
- 二七日《ふたなぬか》（14日目）
- 三七日《みなぬか》（21日目）
- 四七日《よなぬか》（28日目）
- 五七日《いつなぬか》（35日目）
- 六七日《むなぬか》（42日目）
- 七七日《しちしちにち》（49日目、満中陰＝忌明け）

祥月命日と年回法要

死亡した日と同月同日の「祥月命日《しょうつきめいにち》」に合わせて年回（年忌）法要を営みます。

年回法要は、亡くなって一年目が一周忌、それ以降は二年目が三回忌（亡くなった年を一と数えるため）、六年目が七回忌となります。その後は地域や宗派によって多少ちがいますが、十三回忌、十七回忌、二十五回忌、三十三回忌、五十回忌となります。一般的には三十三回忌か五十回忌で弔い上げとし、先祖の霊に合祀《ごうし》されます。

地域によっては、年回法要以外の年の祥月命日や月命日《つきめいにち》にも住職を迎えて自宅の仏壇の前でおつとめをする風習があるようです。

なお、神道《しんとう》では仏教の法要にあたる儀式を「霊祭《れいさい》」といいます。霊祭は、葬儀の翌日に行なう翌日祭、その後は、亡くなった日から五〇日目まで一〇日ごとに十日祭《とおかさい》が行なわれ、五十日祭が神道での忌明けとなります。

仏教でいう年回法要は「式年祭《しきねんさい》」といい、一・二・三・五・一〇・二〇・三〇・四〇・五〇・一〇〇年目に行なわれます。

仏教の法要にあたるキリスト教の儀式は、カトリックでは「追悼ミサ」、プロテスタントでは「記念式」といいます。

●年回（年忌）法要早見表

死亡年＼法要	一周忌	三回忌	七回忌	十三回忌	十七回忌	三十三回忌
1976（昭和51）年	1977	1978	1982	1988	1992	2008
1977（昭和52）年	1978	1979	1983	1989	1993	2009
1978（昭和53）年	1979	1980	1984	1990	1994	2010
1979（昭和54）年	1980	1981	1985	1991	1995	2011
1980（昭和55）年	1981	1982	1986	1992	1996	2012
1981（昭和56）年	1982	1983	1987	1993	1997	2013
1982（昭和57）年	1983	1984	1988	1994	1998	2014
1983（昭和58）年	1984	1985	1989	1995	1999	2015
1984（昭和59）年	1985	1986	1990	1996	2000	2016
1985（昭和60）年	1986	1987	1991	1997	2001	2017
1986（昭和61）年	1987	1988	1992	1998	2002	2018
1987（昭和62）年	1988	1989	1993	1999	2003	2019
1988（昭和63）年	1989	1990	1994	2000	2004	2020
1989（昭和64、平成1）年	1990	1991	1995	2001	2005	2021
1990（平成2）年	1991	1992	1996	2002	2006	2022
1991（平成3）年	1992	1993	1997	2003	2007	2023
1992（平成4）年	1993	1994	1998	2004	2008	2024
1993（平成5）年	1994	1995	1999	2005	2009	2025
1994（平成6）年	1995	1996	2000	2006	2010	2026
1995（平成7）年	1996	1997	2001	2007	2011	2027
1996（平成8）年	1997	1998	2002	2008	2012	2028
1997（平成9）年	1998	1999	2003	2009	2013	2029
1998（平成10）年	1999	2000	2004	2010	2014	2030
1999（平成11）年	2000	2001	2005	2011	2015	2031
2000（平成12）年	2001	2002	2006	2012	2016	2032
2001（平成13）年	2002	2003	2007	2013	2017	2033
2002（平成14）年	2003	2004	2008	2014	2018	2034
2003（平成15）年	2004	2005	2009	2015	2019	2035
2004（平成16）年	2005	2006	2010	2016	2020	2036
2005（平成17）年	2006	2007	2011	2017	2021	2037
2006（平成18）年	2007	2008	2012	2018	2022	2038
2007（平成19）年	2008	2009	2013	2019	2023	2039
2008（平成20）年	2009	2010	2014	2020	2024	2040
2009（平成21）年	2010	2011	2015	2021	2025	2041
2010（平成22）年	2011	2012	2016	2022	2026	2042
2011（平成23）年	2012	2013	2017	2023	2027	2043
2012（平成24）年	2013	2014	2018	2024	2028	2044
2013（平成25）年	2014	2015	2019	2025	2029	2045
2014（平成26）年	2015	2016	2020	2026	2030	2046
2015（平成27）年	2016	2017	2021	2027	2031	2047
2016（平成28）年	2017	2018	2022	2028	2032	2048

●法事の進行例

1. **僧侶の出迎え**……施主が控えの部屋に案内する ▼
2. **参会者着座**……施主、血縁の深い順にすわる ▼
3. **施主の開式のあいさつ** ▼
4. **僧侶（導師）着座** ▼
5. **読　経**……導師に合わせて唱和する ▼
6. **焼　香**……施主、血縁の深い順に焼香する ▼
7. **法　話** ▼
8. **施主の閉式のあいさつ**…その後の予定を説明する ▼
9. **お墓参り** ▼
10. **お斎**…施主は末席からあいさつする。引き出物を渡す ▼

法事の準備はまず、菩提寺に連絡

法事の準備は三カ月前にははじめましょう。

日取りは、祥月命日に行なうのがいちばんですが、ずらす場合は命日よりも早めるようにします。場所は自宅か菩提寺、あるいは斎場が考えられます。

まず、菩提寺に希望する日時の連絡をします。日時や場所などが正式決定したら、招待客へ案内状を出すか、電話で連絡します。お斎《とき》の料理、引き出物などの準備がありますから早めに参会者を把握しましょう。

お墓を建てたら開眼法要を行なう

お墓は、建てただけでは単なる〝モノ〟と解釈されます。開眼《かいげん》法要は、そこに仏さまの霊《たましい》を宿すために行なう法要で、「御霊《みたま》入れ」「お性根《しょうね》入れ」などともいいます。

開眼法要は、お墓を建てて納骨する前の納骨式と併せて行なうのが一般的です。

寿陵《じゅりょう》（生前墓）の場合は、建ててすぐでも、はじめて納骨するときに行なってもどちらでもかまいません。

なお、真宗各派では、お墓は遺骨を埋葬した目じるしとして大切にするものであり、故人の霊が眠る場所とは考えないので、開眼法要ではなく「建碑式《けんぴしき》」といいます。

菩提寺に連絡し、日程を調整する

開眼法要を一周忌や三回忌などの法要と併せて行なう場合は人数が多く、必然的に規模が大きくなりますが、開眼法要のみのときは家族や近親者だけでもかまいません。

日程調整のため、お寺には早めに連絡をしましょう。そのときに何回忌かの法要と併せて行なうならば、それを伝えるとともに、開眼法要の準備についてもたずねましょう。また、石材店や墓地の管理事務所（寺院墓地以外の場合）にも日程を伝えます。

一般的には、小机に白い布をかけて墓前に祭壇をつくり、花立て、香炉《こうろ》、ろうそく立て、リン、そして供物をそなえます。また、酒、水、米などをそなえる場合もあります。石材店や墓地の管理事務所から机や仏具などを借りられるところもありますので、日程を伝えるときにたずねるとよいでしょう。

菩提寺が決まっていないときの開眼法要は、石材店や墓地の管理事務所にたずねれば僧侶を紹介してもらえます。

法要で僧侶は、その宗派に則《のっと》った形式で御霊入れの儀式を行ない、お経を読みます。読経中に参会者は順次、焼香します。

納骨式を併せて行なう場合は、開眼法要につづけて納骨式となります。法要のあとは僧侶と参会者を招いて会食（お斎）をするのが一般的です。

納骨の時期はさまざま

納骨の時期は、土地の風習や家庭の事情によってさまざまです。とくに決まりはありません。すでにお墓があれば四十九日の満中陰《まんちゅういん》に納骨することが多いようですが、火葬後すぐに納骨する地域も少なくありません。

納骨の際には法要（納骨式）を行ないます。納骨式のみの場合は、遺族と近親者だけで行なうことが多いようです。

納骨式の日程についての連絡も菩提寺だけでなく石材店にもします（寺院墓地以外は墓地の管理事務所にも）。お墓のカロート（納骨棺）を開けてもらう必要があるからです。カロートを自分で開けられるお墓もあります。また、石材店には墓石や墓誌に刻む戒名《かいみょう》（法名《ほうみょう》）や享年《きょうねん》なども依頼しておきます。

各所に連絡するときには、納骨式の準備についてもたずねます。祭壇などは開眼法要と同様に仏具を置いて供物をそなえます。供物は故人の好物をそなえるとよいでしょう。

石材店へ支払う納骨の際の立ち会い料は、一万～二万円程度です。墓石などへの彫刻料は五万円前後です。また、当日の心付けは五〇〇〇円程度が目安です。白封筒に「御礼」と書いて渡します。

埋葬許可証を忘れずに

納骨式を四十九日忌に併せて行なう場合は、先に四十九日法要を行ないます。墓地に斎場があるところもありますが、通常は菩提寺か自宅で法要を行ないます。それからお墓へ移動しますので移動手段も考えておきましょう。また、納骨式の前日までにお墓の掃除もしておきましょう。

納骨の際には、「埋葬許可証」を墓地の管理事務所に提出します。埋葬許可証がなければ納骨することができませんので忘れずに持参しましょう。また、印鑑（認め印）も必要です。

それから石材店にカロートのふたを開けてもらい、施主が納骨します。納め方は、①遺骨を骨壺《こつつぼ》に入れたまま納める、②遺骨を布袋に移し替えて納める、③遺骨を骨壺から取り出して土の上に撒《ま》く、などの方法があります。地域やカロートの構造によってちがいます（67頁参照）。

そして花や供物などをそなえ、卒塔婆《そとうば》（次頁参照）を立てて、僧侶に読経をお願いします。読経中に参会者が順次、焼香します。

読経が終わったら納骨式は終了です。不要になった骨壺や骨箱はお寺や墓地で処分してくれます。

故人の冥福を祈る塔婆供養

納骨式をはじめ各種法要、お盆やお彼岸のとき、追善供養の意味で卒塔婆《そとうば》（板塔婆《いたとうば》）を墓石の後ろに立てます。これを「塔婆供養」といいます。卒塔婆はサンスクリット語の「ストゥーパ」に由来します。これは仏舎利塔《ぶっしゃりとう》を意味しています。仏舎利塔とは、お釈迦さまの遺骨（仏舎利）を八つに分骨してインド各地に埋葬し、そこに建てた塔のことです。

この塔の形をかたどった細長い板が板塔婆です。板塔婆の上部の切り込みは五輪塔と同じ五輪をあらわしています（69頁参照）。したがって塔婆供養は仏舎利塔を建てることと同じ意味があります。つまり、お釈迦さまを目の前に礼拝《らいはい》し、供養をささげる功徳《くどく》に等しいということです。

板塔婆には、供養する故人の戒名や施主名を書きます。

なお、真宗各派では、塔婆供養を行ないません。

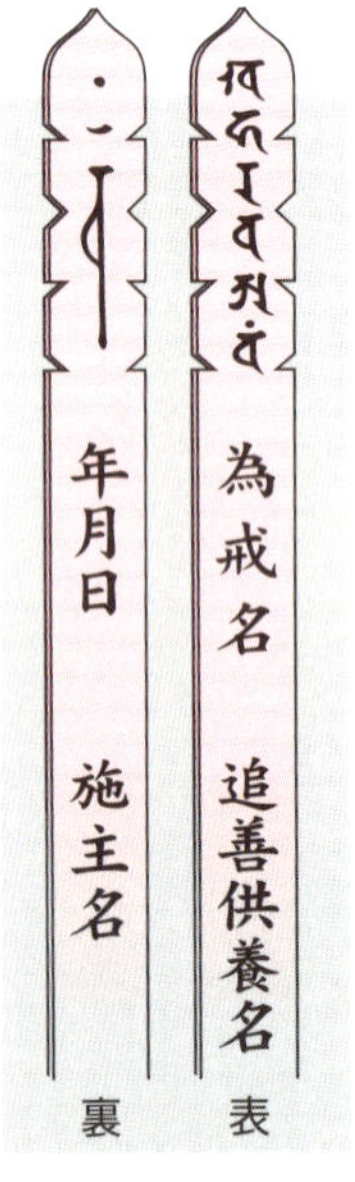

卒塔婆は一週間前までに依頼する

法事の際に塔婆供養を行ないたいときは、その一週間前までに菩提寺にお願いしておきましょう。卒塔婆は誰でも建てられます。法事の参会者などから依頼があれば、施主がとりまとめてお寺に伝えます。

「誰の何回忌の法要か」「施主名」などをまちがえないように紙に書いて渡すか、ファクスにしましょう。

塔婆料はお寺で決まっていますので、依頼する際に聞いておきます。一本三〇〇〇～五〇〇〇円程度です。法事の当日、法要のお布施とは別に白封筒か不祝儀袋に「卒塔婆料」と書いて渡します。

お墓参りに行ったら本堂にもお参りする

多くの方が毎年のお盆やお彼岸《ひがん》など、そして法事の際にお墓参りをします。

菩提寺の近くにお墓があるならば、まず本堂にお参りすることを忘れてはいけません。

お盆やお彼岸の時期には法座が開かれていることが多いので、ぜひ参列して、他の檀家の方とともに読経し、法話に耳を傾けるとよいでしょう。

また、墓地の管理事務所にもきちんとあいさつをしましょう。

はじめに掃除をし、供物は持ち帰る

お墓参りに行くときは、線香やろうそく、生花、供物など、それから数珠《じゅず》もかならず持参します。

毎月のようにお参りをしているなら、当日、雑草を抜いて、墓石を洗うくらいでよいのですが、そうでない場合は事前に掃除をしておきます。掃除用具は持参するか、管理事務所で借りられるところもあります。

お墓の周囲をきれいにしたら花を立て、水鉢にも水を満たします。お菓子や果物などの供物は二つ折りにした半紙を敷いてそなえます。そして一人ひとり、線香をそなえ、数珠を持って合掌します。できれば読経したいところですが、「南無帰依仏《なむきえぶつ》、南無帰依法《なむきえほう》、南《な》無帰依僧《むきえそう》」（全宗派）、「南無大師遍照金剛《なむだいしへんじょうこんごう》」（真言宗）、「南無阿弥陀仏《なむあみだぶつ》」（天台宗、浄土宗、真宗各派）、「南無釈迦牟尼仏《なむしゃかむにぶつ》」（天台宗、禅宗）、「南無妙法蓮華経《なむみょうほうれんげきょう》」（日蓮宗）ととなえるだけでもいいでしょう。

お参りが済んだら火の始末をして、生花以外の供物はすべて持ち帰ります。

第6章

お墓の新しいかたちを考える

お墓の固定観念にしばられない

戦後、家督相続制度が廃止されたあとも、潜在的な観念として長男が「家」を継ぎ、祭《さい》祀《し》財産である仏壇やお墓も承継してきました。しかし、都市でも地方でも核家族化が進み、少子化しているいま、この前提がくずれてきているといえます。よほどの家柄でもない限り、「家」の存続（姓の継承）にこだわる人はいないでしょう。

それでも、お墓に対する観念は、それほど変わっていません。いずれ必要になったら考えるという人がほとんどだからです。

親が亡くなって先祖代々のお墓を承継したが遠いので大変だ、自分のお墓のことでは子供に負担をかけたくない、承継する子供がいないなど、いざ、お墓について考えはじめると、「お墓は承継していくもの」という固定観念にしばられて悩むことが多いようです。「家」という意識がくずれつつあるいま、従来のお墓の在り方では心のやすらぎとはなり得ないと感じている人も増えています。

第4章で紹介したようにお墓は引っ越し（改葬）できますし、墓地の区画に墓碑を建てるといった形や承継することへのこだわりを捨てられれば、もっと選択肢は広がります。

永代供養墓も立派なお墓

たとえば、故郷の先祖代々のお墓を改葬し、先祖の遺骨の一部だけを一つの骨壺にまとめ、両親の遺骨はそれぞれ骨壺に入れて、住まいの近くの納骨堂や合祀《ごうし》墓《ぼ》に納め、永代供養してもらう方法があります。

自分の死後も無縁墓になる心配がなく、永代使用料や供養料、管理料も一般のお墓を建てることと比べれば安くなります。それでも、故人をしのぶ気持ちや先祖を大切にする心は、次世代に受け継がれていくでしょう。

高まる自然葬のニーズ

宗教色のないお墓が増えています。家に仏壇がなければ、仏教に親しみを感じられないのも仕方のないことでしょう。それでも、日本人にとって遺骨は心のよりどころです。

遺骨は故人そのものであり、自然に還《かえ》してあげたいという気持ちから「散骨」や「樹木葬」などに関心が高まっているのでしょう。

納骨堂は一時保管から永代納骨へ

納骨堂とはそもそも、お墓を建てるまでのあいだ、遺骨を一時的に預かる施設でした。また、福祉の一環として、引き取り手のない遺骨の保管場所とされてきた一面もあります。しかし、近年増えている納骨堂は、お墓に代わるものとして利用者がみずからの意思で永代的に遺骨を収蔵してもらう施設です。

ただし、「永代納骨」といっても、永代供養墓（125頁参照）と同様に、一定の使用期間が過ぎると他の遺骨と一緒に合祀墓に埋蔵するところが多いようです。遺骨が最終的にどのように収蔵・埋蔵されるのかを確かめておく必要があります。

一般のお墓と納骨堂のちがい

納骨堂も、墓地と同じく、公営・民営・寺院経営の三タイプがあります。

「墓埋法《ぼまいほう》」によれば、遺骨を埋蔵するのがお墓（墳墓）であり、遺骨を収蔵するのが納骨堂であると規定されています（29頁参照）。

埋蔵の定義は土中に納めること、収蔵とは土中以外に納めることです。

埋蔵といっても、現在のお墓の多くは遺骨をそのまま土中に埋めるわけではなく、骨壷に入れてカロート（納骨棺）に収納するので、収蔵とあまり変わりません。また、第3章で紹介した立体墓地（ロッカー式墓地）や屋内墓地は、遺骨を地上式のカロートに納めるので、厳密にいえば、納骨堂といえます。

一般のお墓と納骨堂の大きなちがいといえば、納骨堂はほとんどの場合、使用期間が定められていることです。たとえば、都立多磨霊園のみたま堂（長期収蔵施設）の使用期間は三〇年で、契約更新が可能です。納骨堂の契約は「遺骨の有償寄託契約」といいますが、納骨の手続きも基本的に一般のお墓への納骨と同じです。

納骨堂の形態とお参りの仕方

納骨堂の形態で多いのは、骨壷を棚に並べる「棚式」や、骨壷を中に納める「ロッカー式」です。こうしたタイプでは、納骨や改葬のときには使用する棚やロッカーの前で参拝できますが、共同の参拝所が設けられていて通常のお参りは参拝所で行なう形式になっていることが多いようです。これを「間接参拝方式」といいます。

直接お参りしたいのであれば、個々の納骨

スペースが仏壇の形になって並んでいる「仏壇式」があります。仏壇部分に位牌を安置し、下段に骨壷を納めます。仏壇の扉を開けて、花や水、線香などをそなえることもできます。

最近は、間接参拝方式ではお参りしたという充足感に欠けるということから、コンピュータシステム管理による納骨堂もできてきました。たとえば、利用者が祭壇に磁気カードを差し込むと、骨壷が自動的に運ばれてきてお参りできるというようなシステムです。

また、「ネット納骨堂」と呼ばれるサービスもあります。インターネットを使って納骨堂内のリアルタイムの映像を映し、家にいながらお墓参りができるというものです。


なお、一区画のサイズは遺骨一体用から複数を収蔵できるものまでいろいろあるので、家族墓として利用することも可能です。

管理体制をしっかり確認する

納骨堂は、屋内に遺骨が収蔵されていますので当然、建物が老朽化したり、地震や火事で被害を受けることも考えられます。万一の場合に備えた安全対策はとられているか、改修や修理の費用負担はどうなるのか、使用料にはそうした際の費用も含まれているかなど、あらかじめ確認しましょう。

●納骨堂の形態

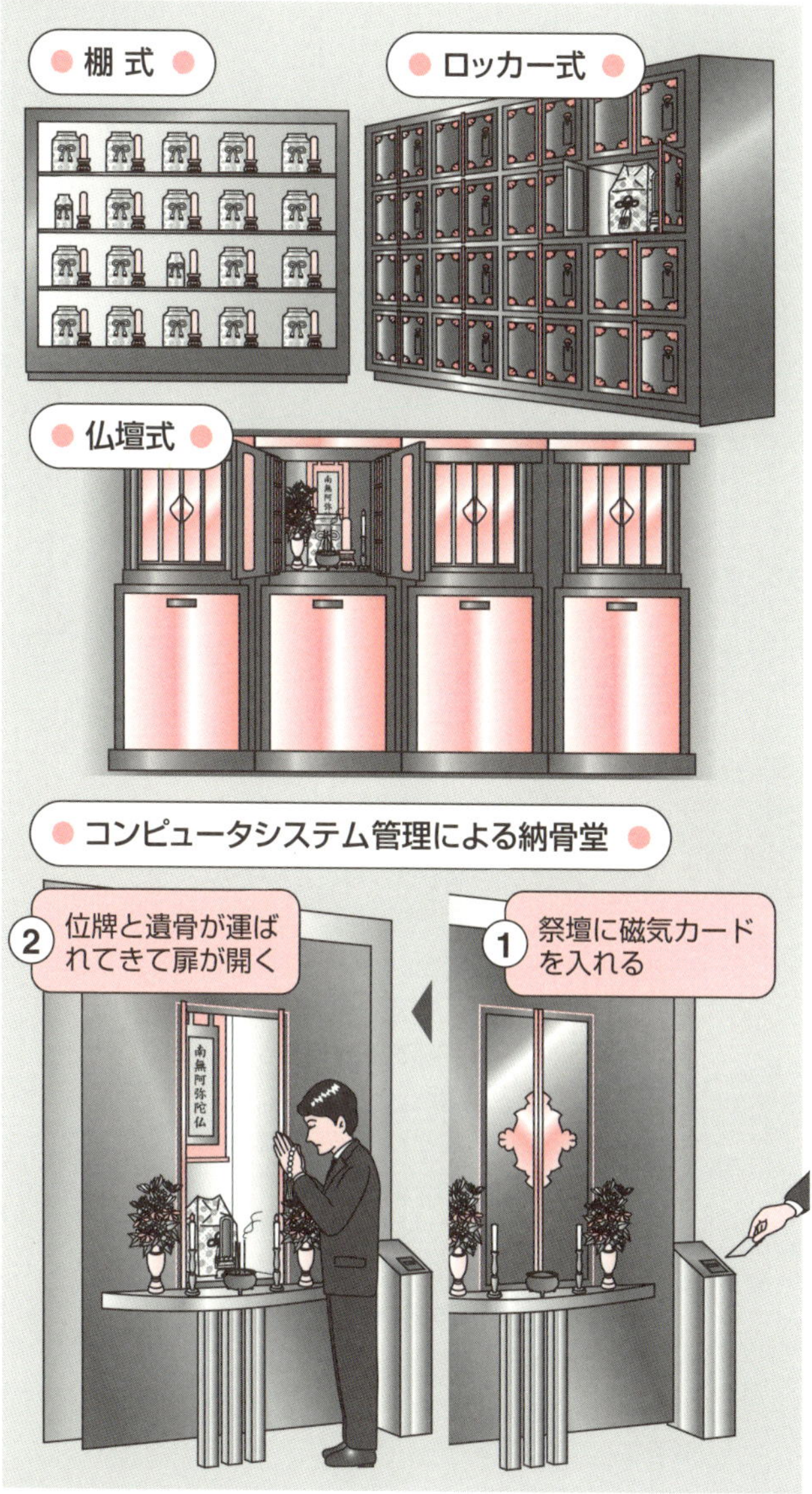

棚 式
ロッカー式
仏壇式
南無阿弥
コンピュータシステム管理による納骨堂
① 祭壇に磁気カードを入れる
② 位牌と遺骨が運ばれてきて扉が開く

南無阿弥陀仏

納骨堂のメリットとデメリット

一般のお墓とちがい、墓石工事費が必要ないので費用が安くおさえられることが第一のメリットです。承継者がいない場合でも契約できて、更新制なので改葬も容易です。また、住まいの近くを選べば便利で、いつでも気軽にお参りに行くことができます。

デメリットとしては、前述のように屋内なので建物の老朽化や、お盆やお彼岸には混雑も予想されます。収蔵やお参りの仕方に満足できるかどうか、よく考えることが大切です。

●納骨堂を選ぶときのチェックポイント

- 管理・経営状態はしっかりしているか
- 納められる遺骨の数
- 収蔵期間、更新手続きはどうなっているか
- 供養はどのようなかたちで行なわれるか
- 直接、遺骨の前でお参りできるか
- 最終的な遺骨の収蔵・埋蔵はどうなるのか
- 建物が老朽化したときなどはどうなるのか

承継を前提としない永代供養墓

近年、承継問題がからむ「家」や「檀家」といった枠から離れて一人静かに、あるいは夫婦や友人同士で、さらには新たな縁による仲間と一緒に眠る「永代供養墓」を選ぶ人が増えています。

永代供養墓とは、生前に自分の意思で申し込みができ、永代にわたる管理・供養が約束されるお墓をいいます。前述の納骨堂も永代供養墓の一形態といえますが、永代納骨以外は基本的に遺族によって供養が営まれます。

ここでいう永代供養墓は、承継者がいない人や、遺族にお墓参りなどの負担をかけたくない人のお墓として、最終的に合祀され、墓地管理者が永代にわたって管理・供養してくれる「合祀墓」とします。

もちろん永代供養墓では、自宅で保管していた遺骨なども受け入れています。

永代供養墓のさまざまなタイプ

永代供養墓（合祀墓）には、個別型と集合型があります。個別型は、個人墓、夫婦墓、家族墓、友人墓など、それぞれに墓石を建てる一代限りのお墓です。

集合型は、最初から遺骨を骨壺から出して一つのお墓に合葬《がっそう》する「合葬墓」と、一つの記念碑や塔のもとに、他人同士が個々に埋葬される「共同墓」があります。

個別型も、集合型の共同墓も、契約した一定期間を過ぎると骨壺から取り出して他の遺骨と一緒に合祀されるところがほとんどです。

一定期間というのは墓地によってさまざまですが、弔い上げとされる三十三回忌がもっとも多いようです。これは、三〇年も時が経てば、故人と面識がある人がいなくなるということもあります。このとき注意したいのは、埋葬してから三十三年ではなく、故人の三十三回忌に合祀されるということです。

骨壺から出して合葬または合祀された遺骨は、改葬したり分骨したりすることはできないので、あとあとのことをよく考えて期間を決めることが大切です。

永代供養墓の料金はふつう、一括で支払い、それ以外の供養・管理料などはかかりません。

一般に個別型のほうが料金が高めですが、通常のお墓として個人の墓石の前でお参りができるメリットがあります。

いっぽう、合葬墓では墓誌や共同の石板に納骨者の名前が刻まれることが多く、故人のお墓という感じが薄いため、近年、共同墓と呼ばれるかたちができました。共同墓では

●永代供養墓（合祀墓）の形態

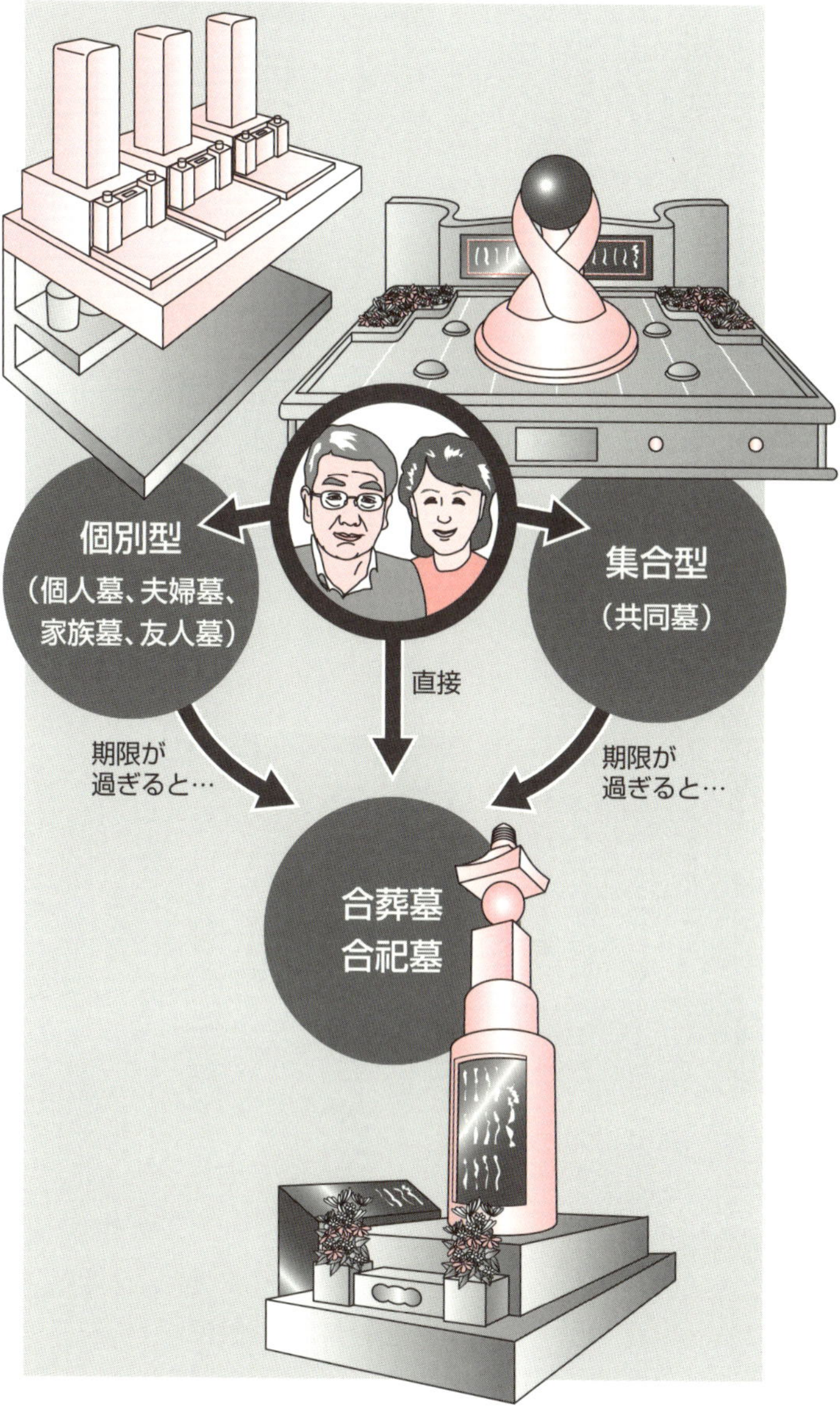

個々に故人の名前や好きな言葉を刻むことができますし、個別型より費用がかかりません。

民営か寺院墓地を供養を重視するなら

寺院や民営墓地の永代供養墓では、毎年、春秋のお彼岸やお盆などに合同供養を営むところがほとんどです。また、毎月法要を営むところ、毎日回向《えこう》するところなど墓地によってさまざまです。

このほかの年回法要などに関しては、契約者の希望により行ない、その場合の費用は別途としているところが多いようです。

なお、宗教・宗派を問わず受け入れるところがほとんどですが、供養はその墓地管理者が定めた宗派の形式で行なわれます。勝手に他宗教・他宗派による供養を営むことはできません。

公営の合葬式墓地は安価で人気

公営墓地では「合葬式墓地」（合葬埋蔵施設）などと呼ばれ、宗教や供養の仕方も自由ですが、永代供養というよりも遺骨の管理が中心となります。

通常、公営墓地は埋蔵する遺骨がないと申

し込みができませんが、合葬式墓地では生前申し込み枠も少数ながらあります。

公営は民営に比べて使用料が安いため倍率が高く、都立霊園では一九九七年に合葬式墓地を設置したのですが、約一〇年で供給終了となりました（26頁参照）。

新しいものとしては、二〇〇二年に閉園した遊園地「横浜ドリームランド」の跡地を横浜市が買い取ってつくった「新墓園・メモリアルグリーン」のなかに慰霊碑型と樹木型の二種類の合葬式納骨施設があり、二〇〇六年より募集が開始されました。

こうした公営の合葬式墓地は、これからも各地で開設されていくと思われます。

生前に縁を結ぶ会員制の永代供養墓

会員制の永代供養墓も増えています。

「もやいの碑」がよく知られていますが、これは「生前に〝死後の住みかを共にする仲間〟作りを通じ、お墓を中心としたネットワークを目指す」という「もやいの会」の主旨に賛同した人が会員となって生前からコミュニケーションをはかり、死亡した他の会員を追悼供養していくという新しいかたちの合祀墓です。

年一回、合同慰霊祭が行なわれますが宗教色はなく、会員は生存中、年会費を払います。

死後の心配をなくし、充実して生きられる

永代供養墓を選ぶときにいちばん大切なことは、約束どおり永代にわたって供養してもらえるか、ということです。

墓地の片隅に形だけつくったようなところはよくありません。また、墓地管理者は、墓籍簿に納骨者名などを記録し、保存することが義務づけられています。単に料金だけで判断せず、現地をよく見て経営・管理体制などもよく確かめたうえで自分の状況に応じた選択をすることが大切です。

身寄りのない人が永代供養墓に申し込む場合は、死後、まちがいなくそこに納骨してもらえるかという心配があると思います。

契約前に、自分の死亡後、どのような流れになるのか、墓地管理者に確認しておくことが大切です。確実な方法は、費用を支払うと発行される永代供養墓の使用証書を誰もが気づくところに保管しておくことです。そして、その使用証書に、納骨先について依頼する手紙を添付しておくのがよいでしょう。また、近所の友人や知人などにその旨を伝えておけば、より安心です。永代供養墓は、死後のみならず残りの人生を心やすらかに充実して生きるためにも有意義なものとなるはずです。

横浜市営「新墓園・メモリアルグリーン」（横浜市戸塚区）
横浜市健康福祉局健康安全部環境施設課　TEL045-671-2450

●合葬式樹木型納骨施設

3カ所あり、計3000体分の骨壷の埋蔵が可能

使用料 永年使用 14万円／体
管理料 永年使用　6万円／体

●合葬式慰霊碑型納骨施設

地下の納骨施設に1万2000体分の骨壷の収蔵が可能。更新しない場合は合同埋蔵室へ安置される

使用料 30年使用 6万円／体
管理料 30年使用 3万円／体

もやいの会「もやいの碑」（東京都千代田区）
TEL03-3230-6969
http://www.haka.co.jp/sugamo_info/moyai.html

1990年に会員専用の合祀墓「もやいの碑」を「すがも平和霊苑」（東京都豊島区）に開設

入会金 1口1万円
埋蔵料・維持費 10万円
年会費 2000円（契約者が存命中のみ）

散骨にはじまった自然葬

近年、散骨や樹木葬、海洋葬といった「自然葬」が注目されています。これは単に「自然志向」だけでなく、「脱承継」「個人化」を象徴するともいえるでしょう。つまり、遺骨を自然に還《かえ》し、墓石を建てなければ、誰かに守ってもらう必要がないからです。

自然葬は、一九九一年にNPO法人「葬送の自由をすすめる会」が当時の〃遺骨や遺灰を自然に還すのは違法〃という壁をはじめて破って相模灘《さがみなだ》で遺灰を撒《ま》いたことにはじまります。

江戸時代以前は一部の上流階級を除く庶民の遺骸は海や山に還すのが主流でしたが、公営墓地ができた明治以降、とくに戦後の「墓埋法」施行後は墓地に埋葬するのが当然と考えられてきました。

ところが、当時の厚生省（現厚生労働省）が「散骨は『墓埋法』に抵触するものではない」とし、法務省も「葬送のひとつとして節度をもってなされるならば〃遺骨の遺棄〃には当たらない」としたことから、散骨は急速にひろまりました。そして、散骨を請け負う葬儀社も出てきました。

散骨はもちろん個人でもできます。しかし、その「節度」とは、散骨する側としてだけではなく、撒かれる側の住民感情にも配慮しなければなりません。葬送の自由をすすめる会では、次のように取り決めています。

●遺骨は粉末化する
●陸地では水源等を避ける
●海に撒く場合は沿岸から離れる

遺骨の粉砕を業者に頼むこともできますが、自分の手で行なってよかったという声もあるそうです。自然葬は、生前契約も遺族による契約も可能です。実際にどのようなかたちで行なわれるのか写真などで確認し、信頼できるところを選ぶことが大切です。

クルーザーによる海洋葬、ヘリコプターでの空中散布、海外での散骨も増えています。

散骨にはとくに手続きは必要ない

「埋葬許可証」の提示を求められることもありますが、基本的に書類や届け出は必要ありません。ただ、散骨のために遺骨を取り出して菩提寺にあるお墓がいらなくなるときは、住職と相談します。場合によっては、墓石を撤去し、更地にもどして返還する必要があります。しかし、散骨は遺骨をほかの墓地に移すわけではないので、自治体への改葬許可申請などは必要ありません。

すべてではなく遺骨の一部を散骨

いくら故人の遺志とはいえ、遺骨をすべて散骨してしまうと、遺族は心のよりどころを失って急にさびしく思えるかもしれません。また、遺骨がないと、年回法要（107頁参照）などもどうしたらよいか、困ってしまいます。

遺骨の一部を散骨して残りを、このあとで紹介する手元供養の品にしてもよいでしょうし、すべて散骨しても、思い出の地に記念碑を建てたり、庭に記念樹を植えたりする方法もあります

NPO法人葬送の自由をすすめる会「自然葬」
（東京都文京区）
TEL03-5684-2671　http://www.shizensou.net/

会員約1万2000人。2008年3月末までに1300回を超える散骨を実施し、約2280人を送った

予納金（実費精算）
個人葬6万9000円〜19万8000円、合同葬（2〜4組）6万4000円〜11万円、特別合同葬（10〜15組）4万8000円〜6万円

年会費　3000円

樹木を墓標とする樹木葬

樹木葬は、一九九九年に岩手県の祥雲寺《しょううんじ》（臨済宗）が「美しい里山の雑木林を残す」という主旨のもとにはじめたもので、現在は子院である知勝院《ちしょういん》が運営しています。

知勝院では、墓地として許可を得た雑木林に遺骨を骨壺《こつつぼ》から出してじかに土中に埋め、目じるしとしてヤマツツジなどの花木を植えています。柵や墓石、カロートなど人工物はいっさい設けられません。宗派不問、承継者も不要、埋葬後三三年以内は他の人の遺骨が同じ場所に埋葬されることはなく、お墓参りも通年可能。そして毎年、「樹木葬メモリアル」と称した合同供養が行なわれています。

樹木葬は、遺骨を撒くのではなく、「墓埋法」に則《のっと》った墓地に埋める点が、散骨とはちがいます。もちろん、納骨者名なども台帳に記録し、保存されます。

好きな樹木をそれぞれに植える単独式のほか、一本の桜などの下に大勢が眠る共同式もあります。現在、こうした樹木葬墓地が、寺院墓地や民営墓地を中心に各地に増えています。

公営では、前述した横浜市営「新墓園・メモリアルグリーン」の合葬式樹木型納骨施設が第一号といえます（129頁参照）。また、都立霊園でも検討されています（26頁参照）。
しかし、樹木葬墓地の共通点は、
●法的に許可を得た墓地である
●樹木を墓標にしている
この二点だけで、経営主体の考え方で形態や規定などもかなりちがいます。

在来の自然を生かした森や林のなかのタイプ、街中の公園タイプもあります。それぞれの特徴をよく検討して選ぶことが大切です。

祥雲寺子院 知勝院「樹木葬」（岩手県一関市）
TEL0191-29-3066　http://www.jumokuso.or.jp/

一関市の里山型のほか、花巻市に奥山型を開設。毎月、東京でも説明会を開催している

使用料 里山型50万円、奥山型20万円
（ともに環境管理費を含む、2体目以降10万円／体）

年会費 里山型8000円（契約者が存命中のみ）、奥山型は無料

NPO法人 エンディングセンター「桜葬」（東京都町田市）
TEL042-850-1212　http://www.endingcenter.com/

都内に、桜の下に眠る「桜葬」を開設。1人、2人、ファミリー用と3種類の個別区画がある

使用料 A区画40万円（1体）、B区画70万円（2体まで）、C区画100万円（3体、4体目以降20万円／体）

年会費 5000円（契約者が存命中のみ）

星になって見守る宇宙葬

宇宙葬とは、故人の遺骨の一部を衛星に乗せて地球軌道上へ打ち上げるメモリアルサービスです。一九九七年にアメリカのセレティス社が世界初の宇宙葬を行ないました。第五回目が二〇〇八年に一二五人（うち三五人が日本人）の遺骨を乗せて打ち上げられる予定です。

日本では、ウィルライフ（株）が総代理店となり、「宇宙から、大切な家族、友人たちを見守っていてほしい」という思いから〝宇宙葬Earthview《アースビュー》〟と名付けられ、セキセー（株）ほか特約店ネットワークが全国にあります。

料金は一〇五万円（税込）で、衛星ロケットの打ち上げをはじめ、その様子を撮影したビデオ、故人の写真や家族・友人からのメッセージを載せた記念誌、「宇宙葬証明書」の発行などを含んでいます。また、遺族は打ち上げに立ち会い、その後のセレモニーに参加することができます（ツアー代別途）。

しかし、現在は募集を休止しています。

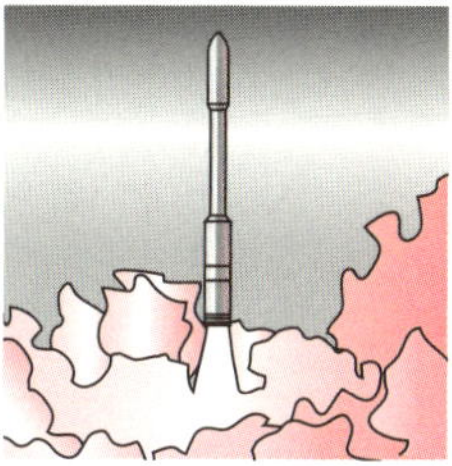

宇宙葬Earthview
セキセー（株）（名古屋市）
0120-113-000
http://www.uchusou.com/

遺骨を身近な手元供養の品に

遺骨を墓地や納骨堂に納めるのでもなく、自然に還すのでもなく、自分の手元に置いて供養するという新しい供養方法があります。といっても、骨壷のまま自宅に安置するのでは、大切な人を亡くした悲しみをいつまでも忘れられない気がします。大切な人だからこそ、亡くなったあともいつも傍らにいて守ってあげたい、いつも身近な存在として感じていたいと願うのではないでしょうか。

従来の骨壷や仏壇に代わるものとして、入れ物を工夫したり、遺骨を加工してさまざまな遺品や記念品がつくられています。

●遺骨を骨壷には見えない容器やオブジェなどに入れて安置する

●遺骨を粉末化して、ガラス容器やペンダントなどに入れる

●粉末化した遺灰を固めて、セラミックス・プレートやオブジェなどをつくる

●遺骨から抽出した成分からダイヤモンドをつくり、リングやペンダントに加工する

見ただけではとても、遺骨や遺灰が入っていたり遺骨からつくられたものとは思えません。これらは、遺骨全部でも、分骨した一部の遺骨からでもつくることが可能です。

残った遺骨はどうすればよいか

手元供養の品にして残った遺骨は、お墓があれば通常どおり埋葬すればよいのですが、お墓がない人でも選択肢はいろいろあります。
●永代供養墓　125頁参照。
●自然葬　132頁参照。
●本山納骨　これは、仏教各宗派の本山に納骨し、合祀してもらうものです。いずれも宗派不問、納骨料のみ（三万〜二〇万円）で管理料などは必要ありません。別途、読経供養をお願いすることもできます。

持ち主が死亡したらどうするか

法事は遺された人の悲嘆をやわらげるグリーフワークであるといいましたが、手元供養も同じです。しかし、自分が亡くなったあと、その品をどうしたらよいか気にされる方もいるかもしれません。その場合は、遺骨が取り出せるものであれば自分の棺《ひつぎ》に入れてもらい、遺骨でつくったプレートなどは骨壷に入れてもらうようエンディングノートなどに記しておくのがよいでしょう。ジュエリーなどは形見として子供に託すこともできます。

アルゴダンザ・ジャパン（静岡市葵区）

0120-253-940 http://www.algordanza.co.jp/

遺骨からメモリアル・ダイヤモンドを作製してくれる。メモリアル・ダイヤモンド39万9000円～248万円（0.2ct～1ct、税込）。リングやペンダントなどにも加工可能

メモリアル・リング
（スタンダード・ジュエリー）

近販（大阪市北区）

0120-126-940 http://www.algordanza-kinpan.com/

アルゴダンザ・ダイヤモンドのほか、遺骨を封入したメモリアル・ガラス・アクセサリーを販売。ガラスアーティストの手づくりで、リングやピアス、タイピンなどもある

ラブクロス2万9750円
（皮ヒモ付、税込）

手元供養専門店「方丈」（大阪府松原市）

0120-816-940 http://www.houjou-temotokuyou.jp/

ホームページとショップ（予約制）で各種メモリアル商品を販売。このページで紹介している商品も購入できる

メモリアル
ロケットペンダント（sv）
5万8000円～6万円（税込）

京都ひろくに屋（京都市南区）
TEL075-315-3370 http://www.hirokuniya.com/

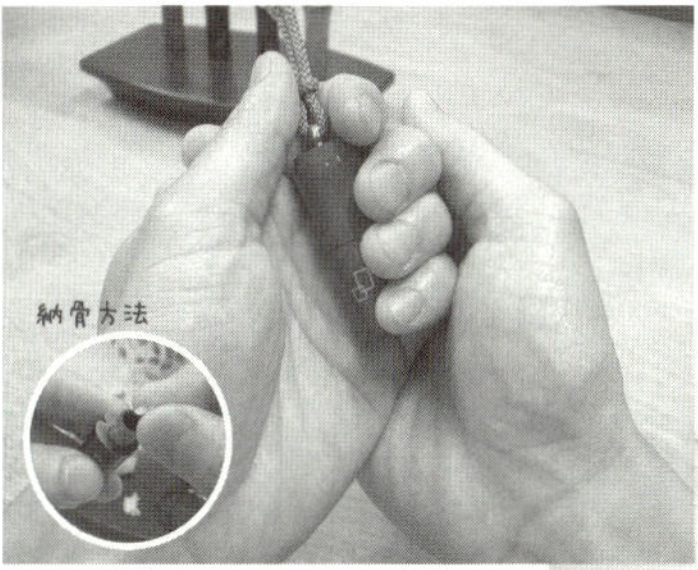

中に遺骨を納めることができる清水焼のオブジェや、竹と漆でつくったお守りペンダントなどを販売

かぐや姫エクセレント
2万8000円（税込）

手元供養・団欒セット
8万円（税込）

エターナルジャパン（東京都墨田区）
TEL03-3846-4380 http://www.eternal-p.com/

遺骨をパウダー状にしたものや、それを圧縮成型して焼き固めたセラミックス・プレートやペンダントを販売

エターナルペンダント（sv・k18・pt）
15万7500円～39万9000円（税込・時価）

エターナルパウダー
3万1500円～6万3000円（税込）

エターナルプレート
15万7500円～24万1500円（税込）

気になるペットのお墓事情

家族同様に可愛がっていたペットも、同じお墓に入れてほしいという要望が高くなっています。

しかし、前述のとおり、現実的には難しいといえます（46頁参照）。ペットの死骸や遺骨は「墓埋法」に定められた「死体」や「遺骨」にはあたりませんので、自宅の庭に埋めても、同じお墓に入れても違法にはなりません。けれども、墓地にはそれぞれ管理規則があります。墓地の神聖さをそこなうとして、許可していないところがほとんどだからです。

ペット専用の墓地や葬祭業者を探すときは、ＮＴＴの電話帳（タウンページ）の「ペット霊園・葬祭」の項目を見るか、インターネットで調べるとよいでしょう。

遺骸の引き取りから飼い主立ち会いでの葬儀、火葬（個別・合同・出張）、返骨あるいは個別のお墓や供養塔への納骨まで行なってくれる業者もあります。なお、合同火葬の場合は、個別に収骨することができませんので、そのまま業者関連の墓地で合祀されることになります。

また、自宅用のメモリアルとして、写真をもとに似姿を彫刻してくれるサービスなどもあります。

参考文献
（順不同）

『お墓と埋葬の手帳』藤井正雄監修　小学館
『仏事の基礎知識』藤井正雄著　講談社
『死と骨の習俗』藤井正雄著　双葉社
『墓と家族の変容』井上治代著　岩波書店
『お墓づくりの本』根来冬二著　築地書館
『建てるお墓　継ぐお墓』杉村和美編　小学館
『お葬式とお墓の知恵』二村祐輔著　生活情報センター
『遺族のための葬儀・法要・相続・供養』二村祐輔監修　池田書店
『葬儀・お墓の心得全書』田代尚嗣著　池田書店
『よくわかるお墓と仏壇　選び方・建て方・祀り方』主婦の友社
『新編　葬儀・法要・お墓の知識　実例事典』主婦と生活社
『新版　永代供養墓の本』六月書房
『死んでもお墓に入りたくないあなたのための法律Q&A』梶山正三ほか著　社会評論社
月刊消費者特集号『考えておきたい自分の葬儀のかたち』日本消費者協会
『週刊ダイヤモンド』２００８年1月12日号「寺と墓の秘密」ダイヤモンド社
『Q&A21世紀のお墓と葬儀』斉藤弘子・長江曜子著　明石書店
メモリアル総合情報誌『仏事ガイド』六月書房

◆監修者プロフィール

藤井正雄（ふじい・まさお）
1934（昭和9）年、東京都出身。
大正大学文学部哲学科宗教学卒。同大学大学院博士課程修了。
大正大学名誉教授。文学博士。日本生命倫理学会代表理事・会長。儀礼文化学会常務理事。日本宗教学会評議員。神道宗教学会監事。パーリ学仏教文化学会顧問。著書に『お経 浄土宗』（講談社）、『うちのお寺は浄土宗』（双葉社）、『戒名のはなし』（吉川弘文館）、『仏教再生への道すじ』（勉誠出版）など著書多数。

日本人として心が豊かになる
お墓のしきたり

発行日 2008年 4 月26日 初版第1刷発行
2018年11月27日 第3刷発行

監　修 藤井正雄
編　著 株式会社 青志社
装　幀 桜井勝志（有限会社アミークス）
発行人 阿蘇品 蔵
発行所 株式会社 青志社
〒107-0052 東京都港区赤坂6-2-14 レオ赤坂ビル4F
Tel（編集・営業） 03-5574-8511
Fax 03-5574-8512
印刷・製本 慶昌堂印刷株式会社

ISBN978-4-903853-25-3 C2015